管家琪教作文

語文魔術方塊

管家琪◎文　賴 馬◎圖

作文也需要培養好習慣

給大朋友的話 ◎管家琪

「要怎麼加強孩子的作文？」——這是很多家長和老師都倍感頭疼的問題。

我認為第一步要做的是，先客觀的看看孩子目前的程度，或者說能力，然後才能決定協助孩子的方向。

如果孩子目前的作文真的很糟糕，那就必須把重點放在先加強孩子的口語表達能力，讓孩子先要能夠會「說」。如果孩子能夠把作文題目當成是一個話題，說得出來，再鼓勵他「怎麼說就怎麼寫」，讓孩子把他自己能夠想到的、能夠講得出來的東西就那麼先寫下來再說。

如果孩子目前的情況不是那麼糟，面對作文不是完全的無話可說，那麼我們就要提醒孩子，我們每一個人都有跟別人或是跟外界交流和溝通的需要，因此必須具備一定的表達能力，如果是用說的，這叫作「口語表達」，如果是用寫的，這就是「文字表達」。我們稱讚誰的口才好，都是在讚美他的口語表達能力很好；如果是稱讚誰的文章寫得好，除了讚美他有好的點子之外，也就是在讚美他的文字表達能力很好。

「說」和「寫」是兩種完全不同的表達方式，當我們在「說」的時候，往往會比較囉唆，文法也可能不夠嚴謹，但是只要能夠讓對方明白我們的意思，就算達到了溝通和交流的目的，沒有必要那麼的字斟句酌，也不大可能要求自己一定要出口成章，字字珠璣；但是同樣的意念如果是要寫下來，要用文字來表達，那就不能太口語，並且在內容的呈現上也要有一定的組織。所謂「我手寫我口」，應該是著眼於如何取材，重點是要懂得從生活裡去尋找素材，並不是說嘴巴上怎麼講、就真的那樣源源本本的統統都寫下來。

大家都知道多讀和多寫是提高作文能力的不二法門，這是沒有捷徑的，但是，語文程度、作文能力固然是要靠不斷的累積，與此同時我們也應該要養成作文的好習慣。

什麼是作文的好習慣呢？最重要的就是一定要想好了再寫，也要會定大綱，其次，是在寫完作文以後，用默念的方式重頭到尾念一次，仔細修改。（如果有不小心的錯字、漏字，或是標點符號用得不恰當，或是句子太長，用默念的方式比較容易檢查的出來。）

這本書，就是希望用比較趣味的方式，讓小朋友體會到定大綱的重要，並且還以十一篇小朋友的作文為例，讓小朋友能夠很清楚的看到，同樣的內容，因為大綱的不同，就會呈現出不同的效果。

如果孩子能夠養成作文的好習慣，就能把他此時此刻的語文程度以及作文能力做最好的發揮。我覺得身為家長或是師長，除了應該盡可能帶動孩子樂於親近文字、樂於閱讀之外，培養孩子作文的好習慣也是我們應該要做的事。

此外，就像所有好的生活習慣一樣，還在培養階段的時候，一定會遇到一些阻力（試想，如果不是大人的堅持，有幾個孩子天生就會整理東西？天生就知道早上起來以及晚上睡覺前一定要刷牙？），但是當習慣一旦養成以後，不僅習慣會成自然，而且好習慣還會為我們帶來莫大的好處和方便；培養好的作文習慣也是一樣的，一開始孩子們一定會念念叨叨「寫作文為什麼還要定大綱？不能直接就寫嗎？好麻煩喔！」，可是當定大綱的習慣一旦養成，就會讓孩子的作文表現有所提升。

尤其是當孩子在面對時間壓力比較大的情況之下（譬如在考試的時候），如果有定大綱的習慣，不僅寫起作文來比較不慌，比較篤定，寫出來的效果也一定會比較好，不容易跑題。「跑題」可是作文的一大悲劇！如果在考試的時候，寫到一半才驚覺自己跑題，趕快慌慌張張硬生生的想要拉回來，通常效果都不會好，而如果是從頭到尾都沒發覺到自己跑了題，那就更是沒救了。為什麼會跑題？當然就是因為還沒有準備好就匆忙下筆，如果有一個定大綱的習慣，就不會發生這樣的問題，也不會寫了一半就難以為繼，不知道該怎麼辦。

（關於如何定大綱，請看下面的「前言」）

總之，孩子們天生所擁有的語文細胞以及才情固然有所不同，這是我們大人不能左右的，但是培養孩子一個好的作文習慣，卻能幫助孩子讓他在自己的基礎上，把自己的能力充分的發揮出來。

更何況，小學的語文教育絕不是在培養作家，而應該是要讓孩子們都能夠具備一定的文字表達能力。有了不錯的文字表達能力，不管孩子將來是要做什麼，都會做得比較出色。

作文並不難

給小朋友的話

◎管家琪

親愛的小朋友，你好嗎？

這本書裡頭的文章幾乎都在《國語日報》的語文教室版發表過，在2012年連載了一年，反應不錯。在報上刊載期間，我把這個專欄定名為「語文魔術方塊」，這是著眼於我們在整理思緒的時候，如果把這些思緒轉來轉去，尋找一個最適合、最理想的大綱，你會發現原本小小的一些「點」，居然能夠有相當多樣的發展可能；同時，就好像如果擁有同樣的蝦仁和雞蛋兩種材料，你可以做成蝦仁炒蛋、蝦仁滑蛋、蝦仁爆蛋或是蝦仁蛋沙拉一樣，同樣的材料，根據不同的架構，也就是不同的大綱，就可以寫出不同的效果。

大家從這本書裡頭可以看到很多故事，也可以看到同樣一篇作文，經過內容分析，再加以重新組合之後，就可以有相當不少不同的寫法。

作文實在是一件很好玩的事，是一件「無中生有」的事，就是說當我們的腦海中陸陸續續出現了一些瑣瑣碎碎的意念之後，我們要怎麼來駕馭這些意念，怎麼把這些意念以最好、最理想的方式來敘述，並呈現出來，只要大家願意花一點心思，先定出一個比較好的大綱以後，就可以辦得到的事。如果大家都能夠擁有一個定大綱的習慣，作文實在是一點也不難。

至於定大綱的重要，以及如何定大綱，就請大家接著看下面的「前言」吧。在「前言」裡頭，管阿姨會有比較詳細的舉例和說明。

加油！

【目錄】

小朋友的作品

Part 2 如何處理靈感

前言

不同的大綱，不同的效果

這是一道小測驗。

下面有四句話，請你用連接詞和標點符號把它們連起來。

李姊姊癱瘓了

李姊姊堅忍不拔，學習很認真

李姊姊學會了針灸

李姊姊學會了英文

本來，老師設想的答案是：

「**雖然**李姊姊癱瘓了，**但是**她堅忍不拔，學習很認真，**不但**學會了英文，**還**學會了針灸。」

沒想到小朋友的答案還真是有「創意」，讓老師看得哭笑不得。

有一個小朋友是這樣寫的：

「李姊姊堅忍不拔，學習很認真，**不但**學會了針灸**和**英文，**還**學會了癱瘓。」

有一個小朋友這樣寫：

「李姊姊堅忍不拔，學習很認真，學會了針灸**和**英文，**最後終於**癱瘓了。」

還有小朋友居然這樣寫：

「李姊姊堅忍不拔，學習很認真，**不但學會了英文，還學會了針灸，最後給自己針灸，把自己給弄癱瘓了。**」

我們從這個例子也可以看出來，明明是同樣的四句話，但是由於前後順序不同，意思就完全不一樣了。

其實我們作文也是一樣。看到一個題目，或者是心裡有一個什麼事情、什麼主題想要寫的時候，千萬不要急急忙忙抓起筆來就寫，也不必挖空心思一直想著到底該怎麼破題、怎麼開頭，不妨放鬆心情，先耐煩的想一想，把想要寫的東西簡單的先列一下，簡單到只要自己看得懂就行，不過，雖然簡單，卻一定要很具體，就那麼一條一條的先寫下來，這是第一階段的「自由聯想」。

然後再把這些列出來的東西排排看，做第二階段的「整理」，看看應該從哪一條切入，看看應該怎麼樣把這幾條素材串起來，效果會比較好。

經過這兩個階段所定下來的大綱，才會是一個比較理想的大綱。

很多小朋友的作文，往往一開始所謂的破題都破得還不錯，可是接下去往往就難以為繼，最後還是只有東一段、西一段的硬湊，然後看字數差不多了就匆匆畫上一個句點結束，虎頭蛇尾。對於想要提升作文能力的小朋友來說，不僅要注重擬大綱，還要注意這個大綱究竟該怎麼擬才會最好。

一個好的大綱，當然要很重視在整體上追求一種流暢的感覺，而不是只想著該怎麼開頭，或是按照「起承轉合」這樣的四個步驟來擬大綱。

儘管「起、承、轉、合」可以說是一個「黃金大綱」，意思就是說是一種非常理想、非常完美的大綱，許許多多優秀的文章似乎都不脫這樣的大綱，但是，希望小朋友能夠試著用一種比較輕鬆和自然的方式，也就是以「自由聯想」和「整理」這兩個階段的方式，自然而然的來完成「起承轉合」這樣的大綱，達到這樣的效果。如果一開始就一門心思拚命想著到底該怎麼「起」、怎麼「承」、怎麼「轉」、最後又怎麼「合」，恐怕不管怎麼寫，寫來寫去結果都還是會差不多一個樣。

而我們在第一階段「自由聯想」的時候，所列出來的那一條一條的素材，由於簡單，如果是別人看到了甚至很可能會一頭霧水，不清楚作者到底想要寫些什麼，甚至還有可能會產生誤會呢。

這本書分成兩個部分，重點都是在提醒小朋友們擬大綱的重要，並且希望培養小朋友們養成擬大綱的習慣。

Part 1

如何捕捉靈感

這個部分一共有十二篇，一至十一篇每一篇一開頭都有四個短短的句子，然後根據這四個句子，發展成三種完全不同的故事，有的時候是童話故事，有的時候是生活故事。當然，其實可發展的故事往往並不只是限於三種而已，三種只是一個基本的示範。

第十二篇則是邀請五位小朋友針對同樣的五個句子來做自由發揮，寫成一個故事。你也可以把那五個短短的句子看成是一篇作品的要件，所以要怎麼樣才能把這四個要件很自然的「裝」進一個故事中，當然得要好好的動動腦筋。

大家可以看一看，在同樣的條件之下，每個小朋友由於背景不同（包括不同的性情、不同的讀書經驗、不同的生活習慣等等），自然都有了不一樣的聯想。

也許你會問：「這跟作文有什麼關係？對於協助我們把作文寫好有什麼幫助？」

其實啊，關係可大了。

這個部分所要展現的，是如何把一些抽象的意念發展成一篇具體文章的過程。

小朋友們不妨想想看，我們所讀到的每一篇作品，無論是不是文學作品，難道當作者在一開始提筆的時候，肚子裡就已經有完整的腹稿了嗎？當然不是的。當我們想要寫任何文章之前，關於「要寫些什麼？」、「要怎麼寫？」這些問題，在我們的腦海中其實都只是一些零零星星的片段，可是如果我們能夠把這些隻字片語先寫下來，然後再繼續思考，我們的思緒就比較能夠集中，就會彷彿找到了一個著力點，這樣就能把原本那些抽象的意念從一個一個散漫的「點」，慢慢發展成一條「線」，然後是一個「面」。

也就是說，大家一定要養成一個好習慣，那就是——千萬不要匆匆忙忙的抓起筆來就寫，然後想到哪就寫到哪，看到字數湊得差不多了就趕緊畫上一個句點了事；如果以這樣的態度和方式來寫作文，是一定寫不好的。

但是，也不必太過僵化，一看到作文題目就馬上想「我第一段要寫什麼、第二段要寫什麼……」，如果以這樣的方式來所謂的構思，一方面很容易陷入窠臼，很難寫出新意，另一方面，頭一回從腦海中冒出來的架構，也就是段落順序，其實往往不會是最好的一種大綱。如果能夠多想幾遍，多試試看其他的可能，最後定下的大綱一定會比較好。好的文

章需要千錘百鍊，這其中最重要的就是一定要多花些心思，經過細細的琢磨之後，再決定要採取一個什麼樣的架構，確定好一個理想的大綱。

在作文的時候，如果能夠從生活中聯繫挖掘到一個好的素材，可以說就已經成功了一半，如果緊接著大綱也能夠定得好，或者說架構能夠定得妙，這就意味著立刻又能往前邁進了一大步。

總之，面對任何作文題目，大家不妨就輕鬆一點，彈性一點，分成兩個階段，先自由聯想，然後再把思緒做一番整理。作文本來就是一個聯想的遊戲，只不過在聯想這個階段，一定要把所聯想到的這些片段寫下來，因為寫下來以後它們就不會再溜走了，這樣緊接著再把思緒做進一步的整理，理出一個順序，這個順序就是「大綱」。

有了大綱做依據，作文一定就會寫得比較好。

1 小精靈擦香水

下面有四個句子，你覺得這會是一個怎樣的故事？（每一句都可以加以延伸和擴充）

小精靈生病了

小精靈撿到一個香水瓶

小精靈嚇了一跳

這瓶香水很神奇

故事A

有一個很可愛也很愛乾淨的小精靈，名叫咪咪，有一天，突然得了一個怪病，渾身變得臭烘烘的。

「啊，怎麼會這樣？」小精靈愁眉苦臉的到處訴苦，「我這麼愛乾淨，天天洗澡，從不馬虎，怎麼會突然變得這麼臭呢？」

「是啊，真奇怪！」大家一方面都很同情咪咪，一方面也都很擔心，心想這個臭臭病應該不會傳染吧！

為了去掉身上討厭的臭味，咪咪每天不止洗一次澡了，而是洗好幾次，直到後來幾乎天天都泡在浴缸裡，可是那個臭味仍然如影隨形，始終牢牢的跟著她。

就在咪咪灰心喪氣的時候，這天，她突然意外撿到了一個漂亮的香水瓶，才剛剛一打開，咪咪就嚇了一大跳，因為，就在瓶蓋被打開的那短短的一瞬間，一股濃郁的香味就已經撲鼻而來！並且立刻就蓋掉了咪咪身上原本不好聞的味道。

咪咪明白了！原來這是一瓶神奇的香水！

靠著這瓶神奇的香水，咪咪又變回一個香噴噴、整天都很好聞的小精靈了。

故事 B

小精靈咪咪嚇了一大跳！

因為，她突然發現那瓶神奇的香水居然快要用完了！

這怎麼可能呢？

撿到香水的那一天，當她偷偷拿去給巫婆看的時候，當時巫婆不是明明向她再三保證這不是一瓶普通的香水，而是一瓶永遠也用不完的香水嗎？可是，現在還不到一個禮拜就已經快要見底了！

其實，從第三天開始，咪咪就已經感覺到香水好像在減少。她曾經跑去問過巫婆，可是巫婆總說是她眼花，看錯了，要不就說一定是她的蓋子沒蓋緊，所以揮發了，唬得咪咪一愣一愣的。但是，現在看著這瓶快要見底的香水，咪咪真是欲哭無淚，想想這一個禮拜以來，簡直就像是做夢一樣……

打從她撿到這瓶香水的第一天，並且把香水擦到身上以後，咪咪就受到熱烈的歡迎。原來，這瓶神奇的香水是一瓶魅力香水。

可是，現在香水快要用完了，以後可怎麼辦呢？

「以後我怎麼出門呢？」想著想著，咪咪發愁得不得了。終於，咪咪病倒了。

而就在咪咪病倒的同時，巫婆成了森林裡最受歡迎的人。原來，咪咪撿到的那瓶香水早就被巫婆給掉包了。

故事

這天，小精靈咪咪撿到了一個香水瓶。

咪咪把這瓶香水拿在手裡左看右看，歡喜得不得了，心想實在是太好了！

長久以來，咪咪一直覺得如果要比漂亮或是比可愛，自己始終都沒有辦法把其他的精靈給壓下去，因為，大家都是小精靈嘛，當然都是一樣的漂亮、一樣的可愛呀！不過，現在咪咪有了這瓶香水以後，情況就不一樣了。

咪咪很高興的想著：「這下可好了，從現在開始，我可以比誰都好聞！我會是一個最香最香的小精靈！我絕對不要跟任何人分享這瓶香水！」

懷抱著美好的盼望，咪咪興奮的打開了香水瓶，可是——

「天啊！這是什麼怪味啊！」咪咪慘叫一聲，嚇了一大跳！因為，她做夢也想不到居然會聞到一股好難聞好難聞的味道！難聞到根本找不到任何精靈語言可以來形容！

咪咪忘記了這是精靈王國，一切的事物都有可能很神奇，也都有可能不按常理來出牌，比方說，「香水」為什麼就一定會是香的？不可以是臭的嗎？

咪咪因此大病了一場。直到身上的怪味終於全部消失了以後，她才敢走出自己的屋子。

管阿姨說

只不過是四個句子，從哪一句開始入手去產生聯想，就可以發展出完全不同的故事，很好玩吧！

如果篇幅允許，這四個句子還可以變出其他的故事，絕不只是這三種而已。小朋友不妨試試看，看看你能變出怎樣的故事？

我們在作文的時候也是一樣，如果能夠把想要寫的素材先一條一條的列出來，再排排看，看看應該從哪一條切入，然後再想想應該怎樣把其他幾條串起來，想好了，定下來，這就是大綱了。

2 失眠的黑婆婆

下面有四個句子，你覺得這會是一個怎樣的故事？（每一句都可以加以延伸和擴充）

黑婆婆總是失眠

黑婆婆去看醫生

黑婆婆如何對抗失眠

在一個夜黑風高的晚上

故事A

在一個風和日麗的早晨，貓頭鷹黑婆婆正想美美的睡上一覺，忽然被一陣震耳欲聾的音樂給驚得跳了起來。

也不知道是怎麼回事，黑婆婆近來好像總是很容易受到驚嚇，這也造成她總是失眠。

為了這個容易受到驚嚇的毛病，黑婆婆去看了好幾次醫生，可是大熊醫生總是說，大部分的動物本來就都是在白天活動晚上睡覺，像她這樣在白天睡覺的本來就應該要自己想辦法去適應，畢竟白天的聲音本來就會比較多啊。

為了適應，大熊醫生也教給黑婆婆很多對抗失眠的辦法。簡單來說，就是別把失眠這個事看得那麼嚴重，睡不著就睡不著，睡不著就做一點別的事嘛。

想到這裡，黑婆婆就開始打毛衣。她打了一件又一件。終於，熬到了晚上，白天的喧鬧終於都告一個段落了，黑婆婆也累了，睏了，於是，她把腦袋一垂，呼呼大睡。

但是，才剛剛睡著，高分貝的音樂聲又把她給吵醒了。聽到大家唱著〈生日快樂〉歌，黑婆婆這才想起，原來，在這個夜黑風高的夜晚，正舉行獅王的生日宴，森林裡所有的夥伴都參加了，黑婆婆就算在白天失眠，現在又怎麼能躲在家裡睡大覺呢？哎，還是得硬撐著趕快去參加啊！

故事 B

在一個夜黑風高的晚上，貓頭鷹黑婆婆去看大熊醫生。

「醫生，我總是失眠，你說我該怎麼辦呢？」黑婆婆的一雙大眼睛裡布滿了血絲，看起來好痛苦。

「怎麼辦？妳把我從獅王的生日宴上叫過來，又是為了這個事？所有對抗失眠的辦法我都已經告訴妳啦，我還能怎麼辦啊！」大熊醫生的眼睛也是紅紅的。

「啊，你是醫生，怎麼可以說沒有辦法啊！」黑婆婆非常不滿。

大熊醫生一臉無奈，可憐兮兮的看著黑婆婆問道：「我一直想問妳，既然妳是白天失眠，為什麼妳不在白天的時候來看我，為什麼總是要在晚上我應該休息或者是應該去玩的時候才來？我真的快被妳給整死了啊！」

故事ⓒ

黑婆婆為什麼會被稱為「黑婆婆」？說真的，連她自己都忘記了。

最近，黑婆婆感覺自己的記性是愈來愈不行了，連獅王的生日宴她都忘了，以前她是絕對不會忘的，因為只有在這一天，由於整個森林的夥伴都會出席，對於獨居的黑婆婆來說，是一個難得的可以見到很多朋友的大好機會，所以每年她都是高高興興的參加。

然而，這個在過去她從來不可能忘記的日子，現在也忘了。

昨天晚上，當幾個老朋友在宴會結束後特別來看她，並且關心的問她怎麼沒來，是不是身體不舒服，黑婆婆不好意思說自己忘了，只好假裝自己真的是不大舒服。

在送走朋友以後，黑婆婆有些喪氣的想：「連我最喜歡的日子都忘了，還有什麼是我不會忘的？」

黑婆婆想了半天，幾乎想了一整夜，最後自嘲的想，至少她還記得自己是一隻鳥。

彷彿就是從這天晚上開始，黑婆婆除了健忘，又多了一個毛病，那就是失眠。

黑婆婆總是失眠。這可真是把她給煩死了。

失眠的時候，黑婆婆會看書、聽音樂、看月亮、看星星，還有發呆，但是不管她做了多少事，還是覺得長夜漫漫，好像怎麼也熬不到天亮。

在一個夜黑風高的晚上，黑婆婆忍無可忍，決定要去看急診，請醫生來幫幫她，治好她失眠的毛病。

不料，大熊醫生苦笑道：「怎麼治？妳是貓頭鷹，晚上當然不睡覺，所以大家才會叫妳『黑婆婆』呀，難道妳連這個都忘了嗎？」

管阿姨說

因為想以童話的角度來進行，所以才會把「黑婆婆」塑造成是一隻貓頭鷹，如果是生活故事，那又可以是完全不一樣的故事。同時，在這三個故事中，因為起點不同，整個故事的重點也就不同，親愛的小朋友，你注意到了嗎？

3 等待新主人

下面有四個句子，你覺得這會是一個怎樣的故事？（每一句都可以加以延伸和擴充）

兒童節快到啦！

一大堆玩具都懶洋洋的

一家小雜貨店

一對父女

故事A

在一家什麼都賣的小雜貨店裡，一大堆玩具都懶洋洋的。因為，在玩具這一區已經很久沒有新夥伴的加入，也很久沒有顧客來光顧啦。

這天，就在大家都昏昏欲睡的時候，非常難得的來了一個新夥伴，是一個長相奇怪的絨毛玩具，以白色為底色，有一對好長好大的耳朵以及一個好怪異的大尾巴，看起來又像是貓又像是狐狸。

機器人首先客客氣氣的問道：「請問你是？」

怪傢伙神氣活現的說：「我是目前最受歡迎的Q貝啊！」

大家不敢問「Q貝是什麼」，只是很好奇怎麼會突然出現這個怪傢伙。

一個洋娃娃突然恍然大悟，叫了起來：「哎呀！我們真笨！一定是因為兒童節快到了啊！」

每年在這個時候，主人都會進一大堆的新玩具，因為每年此時玩具總是特別好賣。

就在大家七嘴八舌的詢問Q貝「怎麼只有你一個人？你其他的朋友呢？」，這時，一對父女走了進來，這是主人和小主人。

主人說：「哪，妳要的玩具來了，超貴的，又好難買，我好不容易才在網上搶到最後一隻──」

主人的話還沒有說完，小主人就已經歡呼一聲「謝謝爸爸！」然後衝過來，一把就將Q貝抱在懷裡。

玩具們你看看我、我看看你，這才明白原來這個怪傢伙不是要跟他們一起等待出售的夥伴，而是一份兒童節的禮物。

故事B

晚餐過後，一對父女手牽著手去散步。

他們走出社區，再過兩個紅綠燈，來到附近一個老社區，然後沿著一條窄窄的巷子，來到一家小雜貨店。

「兒童節快到啦！」爸爸說，看看小女孩，慈愛的加了一句：「給妳買一個兒童節禮物吧。」

「可是這裡都沒有我想要的禮物。」小女孩嘟著嘴說。

「不一定啊，我們進去看看。」爸爸拉著小女孩走了進去，並且一直把小女孩拉到放玩具的那一區。

小女孩只好裝作隨便看看的樣子。其實她根本不存指望，心想這裡的玩具都好舊，怎麼可能會有她想要的東西？

在一群懶洋洋的絨毛玩具中間，小女孩忽然大叫一聲：「Q貝！是你！你怎麼會在裡？」

小女孩簡直不敢相信，Q貝是一個熱門日本卡通裡的角色，以Q貝作為圖案的東西現在很流行，可是奶奶又不看日本卡通，怎麼會曉得要進這種東西？

沒錯，這家小雜貨店是奶奶開的。奶奶說還是自己一個人住得習慣，所以儘管爸爸媽媽一直希望接奶奶同住，奶奶卻還是堅持要住在這個老社區裡，開著她的小雜貨店。

不過，小女孩當然馬上就明白過來，一定是爸爸幫她買的Q貝，然後用這樣的方式送給她，給她一個驚喜。

小女孩把Q貝摟在懷裡，笑得好開心。她確實是很驚喜啊。

故事C

「兒童節快要到啦！」

最近，在一家小雜貨店裡，一大堆玩具的嘴上都掛著這同樣的一句話。每年兒童節即將來臨的時候，在玩具區停留的顧客總是會比平常要多些。

不過，他們的心情有一點複雜，既希望自己能夠被顧客挑中，實現自己身為玩具的價值，一方面又不大希望被挑中，這樣就還可以繼續跟已經非常熟悉的伙伴們生活在一起。這家小雜貨店雖然看起來破破舊舊，好歹大家都還是相處愉快，誰知道如果換了一個新環境以後會是怎麼樣？

這天，就在一大堆玩具都懶洋洋的一起在窗邊曬太陽的時候，一對父女走了進來。玩具們都趕快振作精神，以為很快就會有一個伙伴要被買走。沒想到這對父女根本沒到放玩具這一區來，因為那個爸爸說女兒的作文太爛，錯字太多，決定要買一本字典給女兒作為兒童節的禮物！

管阿姨說

雖然只是簡單的四句話，但是從任何一句下手，都可以發展出完全不同的故事。

我們在寫作文的時候，如果也能把想要寫的素材先條列一下，再決定要從哪裡切入，就會決定了文章的寫作重點以及敘述的方式。

4 姑娘梳頭髮

下面有四個句子，你覺得這會是一個怎樣的故事？

（每一句都可以加以延伸和擴充）

一個什麼都有得賣的市集

一個有著一頭秀髮的姑娘

一把特別的梳子

一個小販

故事 A

一個姑娘，和幾個同伴一起來逛市集。這個姑娘其實本來並沒有特別打算想要買什麼東西，但是因為這個市集號稱是什麼都有得賣，當同伴提議想要來逛一逛的時候，她就也跟著來湊湊熱鬧。

逛呀逛呀，她們來到一個專賣梳子的小攤子前。

「喲，這麼多的梳子呀！」姑娘很高興。

巧得很，她剛好挺喜歡收集梳子的，已經有好幾把不同材質、各式各樣的的梳子了，但是只要價錢不是太貴，她還是挺樂意再多買幾個梳子。姑娘甚至想過，如果她有七把梳子，就可以統統都放在梳妝台上，正好一天用一種，多有意思。

姑娘興致勃勃一個一個慢慢欣賞著攤子上的梳子，不久視線就停在一把月牙形狀的木頭梳子上，她特別喜歡這把梳子，忍不住就拿起來試梳了好幾下，感覺非常舒服。就在她正要開口詢問價錢的時候，小販卻先開口了，因為看到姑娘試梳的模樣讓他突然有了一個點子。

「姑娘，你的頭髮真漂亮，這才真的稱得上是一頭秀髮哩！還有，你梳頭的樣子真好看，我想請問你，這幾天有沒有空來我這裡打工？」

小販的意思是想讓姑娘幫他賣梳子。怎麼賣呢？簡單，只要就一直梳頭就好啦。

姑娘很高興的答應了。姑娘心想，這真是一把特別的梳子，居然能夠為自己帶來一個工作的機會。

故事 B

從前，有一把特別的梳子，它的造型雖然看起來不怎麼樣，很普通，可是它是由鼎鼎大名的整人用品大師所精心製造出來的，能夠把長髮梳成短髮，把短髮梳成捲髮，最厲害的是，居然還能夠把稀疏的頭髮梳成一頭濃濃密密的野人頭。

照說這麼特別的梳子，應該挺受歡迎的才對。然而，在一個號稱是什麼都有得賣的市集裡，這把梳子卻造成了一個慘劇，把一個有著一頭秀髮的姑娘活生生的梳成了禿子！直到這個時候，這個小販才知道，原來這把梳子居然還有這樣的毛病，就是專門會跟別人作對。

其實，這把梳子很無辜，因為一開始就說過了，它本來就是一個整人玩具嘛，是這個小販自己沒有搞清楚啊。

故事C

一個小販，帶著兩大箱到處收集來的特別東西，從大老遠特意趕來參加一個號稱是什麼都有得賣的市集。

他剛剛把攤子布置好，東西也都全部陳列好的時候，一個小姑娘來了。

小姑娘看了幾眼，「你這裡有什麼特別的東西呀？」

「我這裡賣的全是特別的東西，」小販說：「因為我的東西都是從世界各地退隱的魔法師那裡所收購來的。」

「魔法師？那就是說東西上都會有魔法囉？我才不信呢，魔法師怎麼會把這些東西給你。」

「是真的，很多魔法師都說，現在電腦科技的效果實在是太驚人啦，魔法就顯得太無聊了。」

「魔法會無聊？怎麼會呢！」

「可能是每一項魔法的準備工夫都太累，要花的時間也太久了，所以沒人願意做了。」

「喔，原來如此，那讓我來看一看——」說著，小姑娘看到了一把漂亮的梳子。

「這個梳子滿不錯的，我喜歡，多少錢？」小姑娘問。

「啊，這把梳子啊——對不起，你恐怕不能用。」

「為什麼？」

「這是長髮公主所用的梳子啊，所以只能夠用來梳長頭髮，你雖然有一頭秀髮，但你是短髮，所以不能用。」

「居然有這種事！」小姑娘不信邪，硬是想要梳梳看，結果，這把梳子還真的就像是卡在她的頭髮上似的，動都動不了哪。

管阿姨說

小朋友，請你看看，從不同的角度出發去設想，就可以發揮出完全不同的故事，寫故事是不是很好玩呀！

5 莉莉有匹小馬

下面有四個句子，你覺得這會是一個怎樣的故事？（每一句都可以加以延伸和擴充）

忽然下起了一陣傾盆大雨

莉莉有一匹小馬

暑假快到了

叔叔的農莊

故事A

莉莉有一匹小馬。真的。不騙你，莉莉真的有一匹小馬。只不過當然不可能是養在家裡。開玩笑，莉莉的家是普通的公寓，三房兩廳，怎麼可能養小馬。

莉莉有一個叔叔，在景色優美的鄉村有一座農莊。莉莉的小馬就寄養在叔叔的農莊裡。

這匹小馬實際上是莉莉的生日禮物。不久前，莉莉全家在叔叔的農莊渡假時，剛好碰到莉莉的生日，叔叔就把一匹棕色的小馬送給她，當作是她的生日禮物。莉莉好開心啊，馬上就嚷著要騎，本來叔叔是打算讓莉莉騎在小馬上，自己再牽著小馬，讓莉莉在農莊走一圈的，沒想到就在準備出發的時候，忽然下起了一陣傾盆大雨，而且直到假期結束天天都在下雨。

「只好等你暑假來的時候再騎了。」叔叔說。

所以，最近只要一想到暑假快要到了，可以到叔叔的農莊去騎她的小馬了，莉莉就感到非常的興奮。

故事B

暑假快要到了，今天分享課的主題是關於暑假計畫。

莉莉說：「我計畫要去叔叔的農莊。」

說著，莉莉就向大家展示了一張照片。同學們一看，都紛紛「哇」

的一聲叫了出來。

只見莉莉穿著一身非常漂亮的蓬蓬裙，還戴著一頂寬邊的遮陽帽，看起來簡直就像是十八世紀的那種歐洲的小淑女，然後神氣的騎在一匹可愛的小馬上。

好幾個女生都感到非常的羨慕，之前有人就說莉莉有一匹小馬，原來是真的！

同學們紛紛七嘴八舌的問道：「這就是你的小馬？這就是你叔叔的農莊？騎馬好不好玩？」

不料，莉莉說：「哎呀不是啦，我叔叔的農莊是有馬，可是我到現在還沒騎過，每次我要騎的時候就會忽然下起一陣傾盆大雨，好奇怪！」

「那這張照片是怎麼回事？」有同學立刻問。

莉莉聳聳肩，輕鬆的回答道：「是我爸爸幫我用電腦做出來的啦。」

大家這才恍然大悟。莉莉的爸爸在房地產公司上班，是最會做「效果圖」的啦。

故事C

從很小的時候開始，莉莉就有一個夢想。她希望能夠有一匹小馬。

本來以為這是一個萬萬不可能實現的夢。沒想到去年叔叔居然在鄉下買下一個農莊，還養起了幾匹馬，並且很大方的把其中一匹棕色的小

馬送給莉莉。雖然只是口頭上的送，不可能真的讓莉莉帶回家，但是莉莉已經高興得都快暈過去了！她的夢想居然實現了，莉莉有一匹小馬了！

當時，莉莉迫不及待就想騎著小馬去散步。可是叔叔說：「哪有這麼簡單，你得先上課，接受培訓。」

不過，為了滿足莉莉的願望，在莉莉還沒有辦法自己騎馬的時候，叔叔讓莉莉坐在小馬的身上，自己再牽著小馬在農莊走了好幾圈。莉莉開心得不得了。

經過將近一個暑假的苦練，莉莉終於可以自己騎馬了。那天，她騎著小馬，獨自在農莊散步，儘管忽然下起了一陣傾盆大雨，莉莉都還是捨不得下來，而那匹棕色的小馬呢，似乎很喜歡淋雨，就那麼慢悠悠的繼續走著，直到後來被叔叔發現了趕緊過來把小馬牽回來，而馬背上的莉莉早就變成了一個落湯雞。

後來，每次只要一想起那天雨中漫步的經驗，莉莉就想笑。

暑假快到了，莉莉打算要盡快去叔叔的農莊，看她的小馬，並且再騎著小馬去散步。

管阿姨說

我把「忽然下起了一陣傾盆大雨」這一句當成是關鍵句，所以，什麼時候「忽然下起了一陣傾盆大雨」就左右了故事的走向。作文的時候也是一樣的，把想要寫的素材排列出來以後，一定要先定好一個關鍵句（其實也就是重點），然後再來安排其他的素材。

6 貓咪和狗三部曲

下面有四個句子，你覺得這會是一個怎樣的故事？（每一句都可以加以延伸和擴充）

一隻膽子很大的貓咪

一隻膽子很小的狗狗

一個可愛的小女孩

一場暴風雨

故事A

有一個可愛的小女孩，她養了一隻貓咪，後來又養了一隻狗狗。

這隻貓咪，外表上看起來好像很柔弱，實際上牠滿凶悍的，膽子也特別大。打從那隻狗狗一來到主人家，就很怕這隻貓咪，因為這是一隻膽子特別小的狗狗。

在一個陰雨綿綿的午後，因為天氣不好，哪裡都不能去，大家都覺得很無聊。貓咪就跟狗狗說：「我們來玩『貓狗大戰』吧！給主人一家解解悶。」

「要怎麼玩啊？」狗狗呆呆的問。

「廢話，當然就是我追著你打呀！那些人類啊是最喜歡看這個遊戲了。」

「好吧，我聽你的就是了，」狗狗可憐兮兮的說：「可是拜託別打得太厲害啊，我怕痛！」

「我只能說『盡量吧』，可是不保證。」

於是，一場按照貓咪劇本所進行的「貓狗大戰」就上演了。

然而，這個遊戲其實並沒有引起女孩和她家人太多的興趣。因為，雨勢逐漸轉大，到了傍晚的時候，一場暴風雨突然駕到，女孩和家人都很緊張，在這種情況之下，誰還會覺得無聊，誰還會需要解悶！

故事 B

一場暴風雨來襲，大家都躲在屋子裡不敢出去。

一隻狗狗可憐巴巴的縮在牆角，不知道該怎麼辦。打從他出生以來，就在街頭流浪，可還從來沒有見過這麼大的雨，目前牠所處的位置雖然地勢還算是比較高，但是大雨如果不停，恐怕很快也就要淹水了。這隻狗狗本來就很膽小，現在眼看情勢不妙，已經快要嚇昏了。

幸好一隻貓咪及時發現了牠。貓咪雖然也是躲在牆角，但是所在的位置畢竟還是比狗狗那裡要高一點、安全一點，於是牠就呼喚狗狗趕快上來。

狗狗本來還在猶豫，經過貓咪不斷的催促，這才鼓起勇氣往上躲。

「哎，我們死定了！」狗狗垂頭喪氣的說。

貓咪卻說：「別胡說，只要還有一口氣在，就有希望！」

貓咪本來天生膽子就大，在街頭流浪多年，膽子更是愈磨愈大。

牠們擠在一起躲了好一陣子，一個可愛的小女孩忽然來到牠們的面前。

原來，這個天使般的女孩就住在街道的對面，她看到貓咪和狗狗躲在牆角，心生憐憫，於是冒著大雨過街前來搭救，把牠們倆都帶回了家。

從此以後，貓咪和狗狗就有了家。

故事 C

一個貓媽媽剛剛失去了牠的寶貝，十分傷心，並且非常沮喪。

貓媽媽的主人是一個很可愛也很有愛心的小女孩。她很想幫貓媽媽振作起來，但是好一陣子以來，貓媽媽還是幾乎不吃不喝，整天就只是躺在那裡，連以前最愛玩的毛線球也很久都不碰了。

有一天，小女孩又從街上撿回一隻小狗狗，這隻小狗狗才剛剛出生沒有多久就被丟棄了，或許就是因為這個緣故，狗狗特別的膽小，打從一進屋，牠就一直躲在紙箱裡，出都不敢出來。

貓媽媽本來是懶得去理這隻狗狗的。直到有一天，突然來了一陣暴風雨，貓媽媽聽到從紙箱裡傳出嗚嗚的哭聲，聽起來好可憐。

貓媽媽走過去一看，發現那隻小狗狗正用兩隻前爪抱著腦袋，趴在地上，身上還不住的顫抖。

「喂，你怎麼啦？」

狗狗抽泣的說：「我好怕打雷！」

「別怕別怕。」說著，貓媽媽就跳進紙箱，抱著小狗狗，安慰牠。

從這一天開始，貓媽媽就有了一個狗兒子，牠照顧這個小狗狗，也管教這個小狗狗。在別人的眼中，牠就成了一個膽子很大的貓咪，因為當狗狗調皮的時候，牠居然敢打狗狗的屁股！

管阿姨說

這三個完全不同的故事，主要的戲分都集中在貓咪和狗狗的身上，如果要加強小女孩的戲分，又可以發展出其他不一樣的故事了。

7 草原上的老虎

下面有四個句子，你覺得這會是一個怎樣的故事？（每一句都可以加以延伸和擴充）

一隻母老虎

兩隻小老虎

一個星光燦爛的夜晚

一望無際的草原

故事A

　　在一個星光燦爛的夜晚，在一片一望無際的草原，有一隻母老虎和兩隻小老虎。

　　「看哪，今天晚上的天空多漂亮！」母老虎說。

　　她看起來好像心情挺好，不過呢，兩隻小老虎卻垂頭喪氣。一隻說：「媽咪，我餓了。」另外一隻趕緊跟進說：「我也餓了，雖然還不是那

麼餓，但是真的也餓了。」

「喲，你們也會肚子餓呀。」母老虎說：「可是，我不餓呀，我可不想現在跑去給你們找食物，我想要看星星。」

兩隻小老虎默契十足的挨上來，開始一邊耍可愛，一邊裝可憐，哭腔哭調的說：「媽咪，別這樣啦，我們真的餓了。」

「那下次還敢不敢對食物挑三揀四，什麼太冷太熱太軟太硬太醜太臭，要記住，有得吃就已經很不錯了！」

「知道了啦，以後我們不敢了啦。」

母老虎滿意了，「好，很好，那你們等一下吧，我待會兒再去幫你們找食物。我可是剛剛吃飽，還沒消化，現在就開始跑來跑去的話一定會肚子痛。」

兩隻小老虎我看看你，你看看我，都不敢囉唆。哎，誰教他們自己剛才那麼麻煩呢，也難怪媽咪會不高興啊。

故事 B

一隻母老虎，有兩隻可愛的小老虎。兩隻小老虎精力旺盛，老是喜歡跑來跑去，還特別喜歡玩捉迷藏。

這天，兩隻小老虎又在一片一望無際的草原上玩捉迷藏，玩著玩著就互相都找不到彼此了。虎哥哥先趕緊跑回去找虎媽媽，虎媽媽就匆匆忙忙的跑來一起尋找小老虎。

找啊找啊，轉眼都已經天黑了，幸好這是一個星光燦爛的夜晚，能見度還是很好，母子兩個找了又找，終於找到了正在草叢裡呼呼大睡的小老虎。

虎哥哥很生氣，對著虎弟弟大嚷：「你怎麼睡著了啦！害我們找了半天！」

虎弟弟揉揉眼睛，看到虎媽媽，開心的說：「哎呀，媽媽你也來跟我們玩呀！」

虎媽媽抱抱兩個寶貝，說：「是啊，我也來跟你們玩，現在既然找到了，我們就一起來看星星吧！」

故事 C

一隻母老虎凝視著一望無際的草原，心情好沉重。

兩個寶貝到底跑到哪裡去了？母老虎一直這麼想。

她愈想，心裡就感到愈慚愧。哎，孩子們都大了啊，不能再像以前那樣的動不動就凶他們——不不不不，是「教育」他們，現在可好，一教育他們，他們就跑了。

再加上他們兄弟倆互相作伴，膽子自然就更大了，居然跑掉一整天都還不回來！

想到這裡，母老虎又有些動怒，不過，她很快又提醒自己，別氣別氣，現在還不是生氣的時候，畢竟兩個寶貝都還沒有回來呢！

母老虎就這樣一直凝視著一望無際的草原，已經凝視一整天了，幸好這是一個星光燦爛的夜晚，視線還是很好，母老虎很有把握只要寶貝一回來，她一定大老遠就能看到他們。

終於終於，出去閒晃了一整天的兩隻小老虎回來了，他們從草原的那頭慢慢跑了過來，一來到母老虎的面前，就低著頭一起叫了一聲。

看到兩個寶貝，母老虎的心情其實挺激動的，不過，她還是克制住了。她告訴自己，別氣別氣，寶貝回來就好，現在不是發火的時候。於是，母老虎什麼也沒說，只叫兩隻小老虎趕快過來一起欣賞著夜空，今天晚上的星空真是特別的美麗哪。

管阿姨說

「看圖說話」是很好的一種刺激想像力的方式；同樣的一個畫面，因為側重點不同，就能產生出不同的故事。當然，如果還要更細膩一點的來經營，這三隻老虎的表情在不同的情境之下應該還是會有所不同，以上三個小故事只是針對同一個畫面所做的三種最粗淺的想像。

8 粉紅兔團團轉

下面有四個句子，你覺得這會是一個怎樣的故事？（每一句都可以加以延伸和擴充）

夢想的家園

一隻粉紅兔

一個小女孩

一個音樂盒

故事 A

一個小女孩，緊緊的盯著一隻可愛的粉紅兔，看得很專注。

粉紅兔站在一片胡蘿蔔田裡，正半彎著腰，笑咪咪的摘著胡蘿蔔，看來粉紅兔好像是大豐收。

在粉紅兔身後，是一棟可愛的紅磚房。正面望過去，除了有一扇半開的門，還有幾扇窗子，從半開的門以及窗戶看進去，可以看到窗簾、沙發、抱枕和茶几等等，感覺小屋裡一定很舒服。

房子旁邊有一棵大樹，這棵大樹很特別，左邊的綠蔭就像一把大傘，彷彿可以替小屋擋掉不少陽光，小女孩心想，就算太陽再大，屋子裡一定也會滿涼爽的，而右邊看起來明明就像是蘋果樹，樹上有好多又紅又大的蘋果。

小女孩看著看著，心想，這真是一個夢想的家園啊！尤其是小屋旁邊有那麼一棵又可以遮陽又可以結果的蘋果樹。

小女孩是最喜歡吃蘋果的，但是，自從生病以來，食欲全無，連蘋果也吃不下了。

小女孩又看了一會兒，覺得這個夢想的家園只缺少一個東西，那就是音樂。不過，這並不難，因為，這本來就是一個音樂盒嘛。想到這裡，小女孩就把音樂盒轉了一轉，「夢想的家園」頓時就發出叮叮咚咚相當美妙的樂曲。

故事 B

在一個音樂盒裡，住著一隻可愛的粉紅兔。粉紅兔雖然每天都是滿面笑容、開開心心的在胡蘿蔔田裡忙碌著，但其實她的內心也有消沉的時候。當她消沉的時候，她就特別羨慕生活在音樂盒外面的那個小女孩。

那個小女孩經常隔著玻璃，專注的盯著粉紅兔，但小女孩不知道的是，其實粉紅兔也經常會注視著她。粉紅兔滿喜歡小女孩的，她覺得小女孩看起來很可愛。不過她

實在很希望小女孩別這麼喜歡轉音樂盒；每次只要一隨著音樂開始團團轉，粉紅兔總是轉不了三圈就頭暈了。

粉紅兔之所以老是喜歡注視著小女孩，是因為她覺得小女孩住在一個自己心目中夢想的家園。小女孩的爸爸媽媽還有小哥哥都經常出現在小女孩的房間裡，還經常抱著小女孩，陪小女孩玩，粉紅兔看得實在是好羨慕。

住在音樂盒裡的粉紅兔，是一隻寂寞的小兔啊；在她的世界裡，沒有家人，也沒有朋友，永遠都只有她一個人。

故事 C

在一個小女孩的房間裡，掛了一幅畫。畫上是一個女孩，捧著一個音樂盒，好像看得很專注。

那是一個半圓形的音樂盒，裡頭是一片胡蘿蔔田，田裡有一隻笑咪咪的小兔子，還有一棵一邊是綠葉、一邊則長滿了蘋果的大樹，樹下還有一棟小屋。這個音樂盒看起來很可愛，可是，每次一看這張畫，小女孩最關注的、同時也是最感好奇的還是畫面中那個捧著音樂盒的女孩。女孩的年紀看起來和自己差不多大，可是神情看起來有一點——

該怎麼說呢？是認真？還是嚴肅？

小女孩想不通，為什麼在看著一個這麼可愛的音樂盒的時候，會是這樣的神情？這個捧著音樂盒的女孩，到底在想著什麼呢？

小女孩猜想，女孩大概是很喜歡音樂盒裡頭的設計，巴不得能夠跳到音樂盒裡頭去。小女孩覺得這是最有可能的一個答案；因為，這幅畫的名字，就叫作〈夢想的家園〉呀。

管阿姨說

可以說，這也是同一個畫面，但是，從四個短句、四個不同的角度分別切入，由於側重點不同，就能想像和發展出完全不同的故事。

此外，很多人總是羨慕別人的生活、別人的世界，總覺得自己過得不夠好，實際上只要心態好，人人都可以擁有夢想中的家園。有一句話，叫作「心態決定一切」，就是這個道理。

9 秋高氣爽去爬山

下面有四個句子，你覺得這會是一個怎樣的故事？（每一句都可以加以延伸和擴充）

一個秋高氣爽的禮拜天

奶奶、媽媽和小薇一起去爬山

站在山頂上

對於秋天的聯想

故事 A

媽媽拿到今年健康檢查的報告後，皺了一下眉頭，嘟囔道：「哎呀！真的要開始運動了！不動不行了！」

說著，媽媽就跟奶奶以及小薇說：「以後每個禮拜天早上我們一起去爬山吧！」

在她們家不遠，就有一座小山，很多鄰居都經常去那裡爬山健身，只除了小薇家例外，小薇一家都不愛動。

這會兒，面對媽媽的提議，小薇第一個表示反對，「幹麼要我去？我又沒有過重問題，就算有也還不算是太嚴重。」

奶奶也說：「我有在跳排舞就夠啦，我不喜歡爬山。」

可是媽媽堅持道：「一起去啦，這樣爬起來才有勁。」

小薇又說：「為什麼爸爸不用去？」

媽媽說：「爸爸我叫不動，算了，再說爸爸是瘦子。」

於是，在一個秋高氣爽的禮拜天，奶奶、媽媽和小薇一起去爬山。

爬了快一個小時，等到她們終於站在山頂上往下一望，每個人的第一反應都不一樣。

小薇想著，哇，山下的房子看起來都好像玩具屋喔，好好玩。

媽媽想著，哇，雖然大家都說「要活就要動」，可是運動真的好苦哇！

奶奶想著，哇，好久沒有在秋天的時候站在這麼高的地方欣賞風景了，這些樹葉好多都黃黃的，真好看。

緊接著，奶奶想到自己的人生可能已經過了秋季而步入了冬季，於是，又對秋天產生了更多的聯想。

故事 B

在六月底學期一結束，小薇家搬了新家，奶奶提議找一個禮拜天一起去附近的山上爬山。

媽媽第一個響應，「好耶！我喜歡爬山。」

小薇卻有點兒抗拒，「不要啦，難得放暑假，我想要天天睡懶覺。」

媽媽說：「還睡，懶覺睡多了會變胖的。」

小薇才不信咧，嘻嘻哈哈的說：「等變胖了再說吧。」

結果，經過一個暑假每天不斷的吃吃喝喝外加睡懶覺，等到暑假快要結束的時候，小薇真的變胖了不少，她開始急了，要求媽媽和奶奶陪她一起去爬山，否則她擔心開學以後會見不了人。

於是，在一個秋高氣爽的禮拜天，奶奶、媽媽和小薇一起去爬山。

等到好不容易、氣喘吁吁的爬到山頂的時候，小薇站在山頂上往下一望，歡呼道：「哇！爬上來了！好有成就感喔！」

奶奶笑著說：「早就跟你說爬山很好玩的嘛。」

媽媽也說：「以後我們經常一起來爬山吧。」

「好哇！」小薇興致勃勃的答應了，並且看著不少發黃的葉片，驚訝的發現現在已經有點兒秋天的味道了。

等到下個禮拜天、還有下下個禮拜天的時候，發黃的葉片會不會更多？除了黃色，還會有別的顏色嗎？

站在山頂上，小薇產生了很多對於秋天的聯想。

故事 C

站在山頂上，望著滿山遍野已經陸續發黃的樹葉，奶奶心想，要是她們願意一起來爬山就好啦，現在就可以和自己一樣登高望遠，欣賞一下初秋的景色了，瞧，多好看啊。

這是一個秋高氣爽的禮拜天，奶奶本來想約大家一起來爬山，可是大家都興趣缺缺。

下山以後，回到家，奶奶告訴小薇自己今天在山上看到了秋天的景色，還看到了幾隻小松鼠。聽著奶奶的描述，小薇產生了不少關於秋天的可愛的聯想。

於是，為了親眼證實一下奶奶的描述，終於有一天，奶奶、媽媽和小薇一起去爬山了。

管阿姨說

同樣的四句話，由於側重點不同，就能寫成不同的感覺。

在「故事A」中，是著重爬山之前的鋪墊，「故事B」是比較平鋪直敘的寫法，而「故事C」和前面兩種寫法最大的不同之處是把「奶奶、媽媽和小薇一起去爬山」這一句放在最後，那麼就要把為什麼奶奶、媽媽和小薇會一起去爬山的理由交代一下。

10 灰姑娘參加舞會

下面有四個句子，你覺得這會是一個怎樣的故事？（每一句都可以加以延伸和擴充）

好多好多的南瓜

好心的神仙教母

美麗的灰姑娘

一年一度的萬聖節

故事A

美麗的灰姑娘早就打扮妥當，焦急的站在庭院裡，等著神仙教母回來。

剛才，好心的神仙教母魔杖一揮，為她變出了一套華麗的衣服，一雙漂亮的玻璃鞋，以及一串珍珠項鍊，還有可愛的髮飾，接下來，神仙教母繼續揮舞魔杖，高聲說：「南瓜呀南瓜，快來快來，最棒的南瓜快來做我們最豪華的馬車！」

可是，這回神仙教母的魔杖揮了半天，卻什麼也沒見著。

「奇怪？怎麼不靈了？」神仙教母很納悶，只好繼續再試。

不可思議的是，神仙教母的魔杖揮了又揮，咒語念了又念，早就該出現的南瓜馬車卻還是一點影兒都沒有。

「真是怪事！從來沒見過這種事！」神仙教母嘟囔道，然後對灰姑娘說：「你在這裡等一下，我去外面看看。」

灰姑娘就這樣等呀等的，眼看舞會都快開始了，神仙教母這才終於匆匆忙忙的趕回來，一臉無奈的說：「找不到！本來在這附近應該有好多好多的南瓜，可是自從有人發明了萬聖節以後，家家戶戶都要放南瓜，南瓜就開始短缺了，今天不巧就是一年一度的萬聖節，所以現在都找不到南瓜了！」

「那怎麼辦？」灰姑娘都快哭了，「難道我就去不成舞會啦？」

「別難過，找不到南瓜，我給你另外借了一個好東西回來，你看！」

原來是筋斗雲哪。

問題是，筋斗雲的速度實在是太快了，「嗖！」的一下就是十萬八千里，結果，可憐的灰姑娘一整個晚上就這麼一直在天上「嗖！」來「嗖！」去，怎麼也到不了王子開舞會的城堡。

故事B

在舞會上，王子被美麗的灰姑娘深深的迷住了。也難怪，灰姑娘本來就很漂亮，這天晚上經過好心的神仙教母的一番精心打扮，更是美得不得了。

這讓其他的姑娘們都氣死了，也嫉妒死了，大家都紛紛批評灰姑娘。

「好詐喔，今天是一年一度的萬聖節，明明這是一場化妝舞會，我們都乖乖的打扮成牛鬼蛇神的樣子，為什麼她就可以這個樣子啊！」

「就是啊，她也應該弄得邋遢一點、恐怖一點、噁心一點呀，那樣才公平嘛，那樣王子就不一定會一直黏著她了！」

其實，王子一直黏著灰姑娘，灰姑娘可是苦不堪言，因為她早就想走了。

實在是撐不住了，灰姑娘只好硬著頭皮開口：「對不起，我想……」

王子馬上說：「你想要什麼？你想要什麼我都可以給你！」

「真的？你什麼都有嗎？」

「是啊，只要是地上的東西，說得出來的我都有，而且有好多好

多！」

王子指的是項鍊手飾，但是灰姑娘卻立刻驚喜的問：「真的？也有好多好多的南瓜嗎？」

王子一愣，「你要南瓜做什麼啊？」

「我要南瓜來變馬車啊，我想回去了啦，」灰姑娘哭喪著臉說：「這個玻璃鞋實在是穿得好痛，我受不了了啦！」

故事C

這天晚上，好心的神仙教母把美麗的灰姑娘精心打扮了一番以後，對灰姑娘說：「現在，萬事具備，只剩最後一個問題，那就是馬車。」

「哦，好棒哦！」灰姑娘開心極了。她早就想坐馬車啦，可惜她一直只有洗馬車的分。

神仙教母說：「本來這附近應該有好多好多的南瓜，不過，因為再過幾天就是一年一度的萬聖節，南瓜變得非常緊缺，所以，我給你準備了榴槤馬車……」

結果，這天晚上的舞會，灰姑娘遲到了很久。因為不想坐味道很濃的榴槤馬車，所以，她是自己走來的！

管阿姨說

改寫經典童話最大的樂趣，就是在於因為大家對原來的故事都已經很熟悉，所以就很容易製造效果。不過，也還是要有一個側重點，才能夠突出效果（譬如故事A和故事C的側重點都是在「找不到南瓜」，故事B則是在「玻璃鞋不舒服」）。

11 粉紅色的雪花

下面有四個句子，你覺得這會是一個怎樣的故事？（每一句都可以加以延伸和擴充）

天空飄下了粉紅色的雪花

大新聞

樂觀的小咪

悲觀的小勇

故事A

小咪是一隻樂觀的小螞蟻，整天無憂無慮。

小勇經常說她：「你怎麼總是這樣傻呼呼的，什麼都不知道操心，冬天快要來了，應該趕快儲糧準備過冬才是啊，現在都什麼時候了，你怎麼每天還在晃來晃去，唱什麼歌，只有蟋蟀才會整天唱歌整天玩，難道你忘了他後來的下場？……」

「哎呀，拜託別嘮叨了啦。」小咪吃不消了。

她告訴小勇，其實她也有準備的。

「你那點儲糧哪夠啊！」

「夠夠夠，一定夠。」小咪急急打斷道。她不想聽小勇嘮叨。在小咪看來，小勇實在是太過悲觀了，犯不著啦。

「船到橋頭自然直嘛。」小咪笑咪咪的說。

「難道你還希望天上會掉下食物來？」小勇還想繼續「開導」小咪，但是小咪已經跑掉了。

真是沒有想到，在剛剛進入冬天的時候，發生了一件大新聞，天空竟然飄下了粉紅色的雪花！而且，這個雪花居然還滿好吃的。

這是怎麼回事啊？

原來是一個小孩在吃棉花糖，吃漏了嘴，棉花糖的屑屑都掉到地上來啦。

不過，即使天上真的掉下了食物，因為來搶的小螞蟻太多，最後小咪也沒能搶到多少就是了。

故事B

在剛剛進入冬天的時候，發生了一件大新聞，天空竟然飄下了粉紅色的雪花！

這可讓小螞蟻們一個個都大吃一驚。

悲觀的小勇大叫道：「完了！世界末日來了！」

樂觀的小咪卻說：「不會吧，世界末日不是都會地動山搖的嗎？可是現在很平靜啊？」

小螞蟻們都擠成一團，遠遠的躲在一邊，睜大著眼睛看著落在地上那些奇怪的粉紅色的雪花，不敢靠近。只有小咪，她左看右看，就是不覺得這個特別的雪花看起來有多恐怖，相反的她覺得還滿可愛的，於是，顧不得大家的驚呼，就那麼勇敢的走了過去。

等她慢慢一湊近那些奇特的雪花，一陣甜甜膩膩的香味就撲鼻而來。

「真香啊。」小咪聞著聞著，覺得好像很好吃，沒有多想就咬了一口，結果——嘿，真的很好吃耶！

原來這些粉紅色的「雪花」根本就是棉花糖啊。

小咪好高興，因為，她也知道不該亂吃東西，有好幾次就是因為這樣吃壞了肚子，不過，幸好今天的「雪花」沒有讓她失望。

故事

天氣忽然一下子就冷了，小螞蟻小咪的心裡很著急。

唉，小勇老早以前就一直提醒她別只顧著玩，要趕緊儲糧準備過冬，可是小咪總覺得小勇太緊張了，總覺得時間還很充裕。

也難怪小咪會這樣想，因為在樂觀的小咪看來，小勇不僅老是喜歡窮緊張，還很悲觀，什麼事都往壞處想。

然而，這回小咪忽然感覺到「窮緊張」似乎也不見得是壞事。誰知道天氣忽然說冷就冷了呢？誰又想到自己這幾天會忽然生病了呢？唉，小咪有史以來頭一次懷疑，自己以前是不是都太過樂觀啦？

正在掙扎著要不要抱病出去找食物的時候，小勇來探望她，還扛了一床粉紅色的棉被過來！

「幹麼送我棉被啊？」小咪覺得好奇怪，很想說自己並不缺棉被而是缺食物。

沒想到，小勇笑著說：「這可是一床特殊的被子哦，可以吃的，你可以躺著吃。」

一床可以邊蓋邊吃的被子？小咪心想，這可真是稀奇！真是大新聞！

原來，剛才外頭有幾個小孩一起在吃棉花糖，掉了好多屑屑，對這些小螞蟻來說，就像是天空忽然飄下了粉紅色的雪花。小勇找到最大的一片，就忙著給小咪送來啦。

管阿姨說

有句話說「天上不可能掉餡餅」，意思是說不能指望不勞而獲，這三個小故事都是環繞著這句話來做發揮，只不過因為側重點不同，就有了不同的發展。

12 故事擂台

下面有五個句子（五個條件），你覺得這會是一個怎樣的故事？

在聖誕夜那天晚上
一個天真的小孩
聖誕老人
一個可愛的小鎮
一份夢寐以求的聖誕禮物

每一句都可以加以延伸和擴充。

比方說，這是一個怎樣可愛的小鎮？是童話式的可愛？還是裝飾上的可愛？還是怎麼樣的可愛？一個天真的小孩，我們又是從哪裡感覺到他（或是她）的天真……

請運用這五個條件寫成一個故事，是童話或是小說或是記敘文，都可以。五個條件出現的先後順序沒有限制，也不是一定要一句一句「一字不漏」式的出現，只要這五個條件都能大概提到就行。

字數不限，不過最少不少於四、五百字，最長不多於兩千字。（都是「左右」，都是一個大概的原則，也不是硬性規定。）

總之，請盡量發揮想像，寫得愈精采愈好。

加油！

小朋友的作品

傑克的禮物

董臻（四年級）

在一個聖誕節的晚上，聖誕老人和他的最佳搭檔——馴鹿來到了傑克住的小鎮上空，只見小鎮上一派歡樂的景象：街道兩旁掛著星星，聖誕樹被點綴得五彩繽紛，樹冠上的星星看起來也更大、更亮了，人們吃著豐盛的火雞大餐，小鎮上空回蕩著優美的歌曲──〈平安夜〉。

馴鹿見聖誕老人看得如癡如醉，便對他說：「老伙計！別看了，別忘了我們是來派發禮物的。」聖誕老人這才反應過來，拿起了孩子們的禮物清單，一個又一個的往下看，當他看到傑克的名字時，對馴鹿說：「傑克這個小孩可愛極了，他有著一雙炯炯有神的眼睛，一頭蓬鬆的捲髮，小土坡般的鼻子，像雪一樣白的皮膚，一天到晚笑咪咪的，好像從來都不會發脾氣一樣，讓人一看就喜歡上了他。」

馴鹿說：「是啊，他以前要的禮物好像都是拼圖、積木什麼的，可是他越大，要的禮物就越奇怪了，前年是一把鏟子，去年是一盒護手霜，怎麼都是大人用的東西？不知道今年又是什麼？」

「別急，馬上揭曉謎底。」只見聖誕老人拿出了別在腰間的鈴鐺，可別小看了這個鈴鐺，它可是一個魔法鈴鐺，聖誕老人搖了搖手中的鈴鐺，傑克以往許願的身影浮現在眼前，原來傑克把鏟子送給了愛種花的爸爸，把護手霜送給了做家務的媽媽。

「走，我們去看看他今年的禮物是什麼？」聖誕老人駕駛著鹿車，飛到了傑克家的上空，從煙囱裡爬進去，躡手躡腳的來到了傑克的床前，傑克睡得正香，聖誕老人又搖了搖鈴鐺，

浮現出來的是剛會走路的小傑克攙著奶奶的手在散步，轉眼間，畫面變成了上幼稚園的傑克拽著奶奶的手向公園跑去，過了一會兒，出現的畫面又變成了上小學的傑克在前面走著，奶奶吃力地在後面跟著，每走兩步都要休息一下。

「哦，我知道了，他今年的禮物肯定和他的奶奶有關。」

聖誕老人搖了搖鈴鐺，原來傑克想要一個折疊柺杖送給奶奶，聖誕老人心想：這真是一個孝順的好孩子，我一定要滿足他的願望。聖誕老人還額外送給傑克一個孩子們都想得到的禮物——幸運星，他把禮物和幸運星一起放到了傑克的聖誕襪裡，輕聲地對傑克說：「像你這樣孝順的孩子應該得到幸運星，它會讓你明年一切幸運的。」

第二天一早，傑克看到了鼓鼓的聖誕襪，他期待而又小心翼翼拿出禮物盒，「哇！」正是他夢寐以求的禮物，他高興得一蹦三尺高，馬上跑向了奶奶的房間，對她說：「奶奶，這是我送給你的聖誕禮物！」奶奶看著禮物，幸福地笑了。

小朋友的作品

聖誕節的早安

金典（五年級）

雪花紛飛，如一朵朵蒲公英隨風飄舞，漫天遨遊，最後紛紛落在一個小鎮上。在聖誕夜那天晚上，大家都在忙碌著，裝點著自己的家。在小鎮的拐角處，有棟不起眼的房子，和周圍華麗的樓房相比，它顯得那樣矮小。房子裡亮著燈，透過窗戶，一個天真的小孩趴在窗前，睜著大大的眼睛，向外張望。他的頭髮有點卷，穿著帶白點的棉布衣服。他的媽媽在烤松子蛋糕，從廚房裡飄出香香的味道。

開飯了，餐桌上面擺好了飯菜。可是，爸爸坐的那個位置還是空空的。

「爸爸還沒回來。」小孩小聲嘀咕著，又轉身問媽媽：

「爸爸什麼時候回來呀？」

媽媽沉默了一會兒，低頭看了看桌上的盤子，又抬頭望了望已經黑了的天空，好久才回了一聲：「爸爸會回來的，他特地請了假的。不過，剛聽廣播，下雪，火車被困在路上。不過沒關係，爸爸沒回來，有媽媽陪你。」

「嗯。」小男孩似懂非懂的點點頭。

夜深了，小鎮上安靜極了，偶爾傳來幾聲狗叫。男孩躺在床上，怎麼也睡不著。媽媽推開門走進來，坐在他的床頭，輕聲說：「快睡吧，聖誕老人從來不給不睡覺的孩子送禮物的。」

「真的有聖誕老人嗎？」男孩問。

「當然，只要你許下心願，聖誕老人就會把你夢寐以求的禮物送給你。」媽媽肯定的說：「你想要什麼禮物呢？」

「我希望第二天睜開眼睛能看到爸爸和我說早安！」男孩天真地說。「這……」媽媽皺了皺眉頭，然後說：「快睡吧，但願聖誕老人能幫你。」媽媽親了親男孩的額頭，關上了燈。

第二天，雪停了。太陽暖暖地照著大地。還在睡夢中的男孩感覺臉頰上有一股熱氣。他睜開眼睛，簡直不敢相信，爸爸正蹲在床前。

「爸爸！真的是你嗎？」男孩興奮地問。

「早安，孩子！聖誕老人用他的馬車把我送回了家。」爸

爸眨著疲憊的眼睛，他的褲子溼了一大半，腳上的靴子也潮了。

媽媽站在一旁，流著眼淚，只有她知道，爸爸為了在聖誕節趕到家，從幾十公里外的小站一路走回了家……

小朋友的作品

聖誕夜的男孩

蔡博藝（五年級）

「叮鈴鐺，叮鈴鐺……」

伴隨著這美妙的音樂，迎來一年一度小孩子們最喜歡的聖誕夜了。

這次我們來到一個可愛的小鎮，這裡樹上掛滿了彩燈、禮

物，還有許多聖誕牆面，打扮成聖誕老人的大人，這裡的一切都顯得熱鬧非凡，擁有濃厚的節日氣氛，只可惜在這個鎮上的人，沒有一個人相信真正有聖誕老人的存在，除了我們這次的主人翁。

這是一個十分天真的小孩，他總是幻想著各種不存在的人物，例如：超人、綠燈俠、鬼怪等等，以及一般人都想不到會真實存在的，譬如聖誕老人。

夜幕快要降臨了，他像每年往常一樣，把襪子放在床邊，等待著禮物。雖然每次都是一無所有，但他仍然抱有一絲希望，多麼想得到一份夢寐以求的禮物啊！

晚上，小男孩已經沉睡，大街上也一片寂靜。忽然，天空中出現了幾個身影，定睛一看，天啊，原來是聖誕老人！

原來聖誕老人真的存在！只是他太老了，早已退休，導致大家現在都不相信了，這次，男孩的精神深深打動了他，他現在要「重出江湖」了。

一夜過去了，小男孩驚喜的發現襪子裡有一張聖誕老人的賀卡，祝願他平安一生。這一張平淡無奇的賀卡，令男孩激動萬分，從此他便充滿自信，快樂的生活下去了。

小朋友的作品

叮叮的聖誕夜

房婉瑩（七年級）

有一個小鎮，街上掛滿了彩帶、鈴鐺，街上種了很多鮮花、小草，小鎮上的人都很善良，沒有一個壞人，因為這麼美好的小鎮誰忍心去做壞事來破壞它呢？人們都盡力讓小鎮保持它的可愛。

「咦，這是不是特大號的卡丁車呀？媽媽。」一個小男孩指著一個拖拉機問著媽媽，媽媽摸著小男孩的頭說：「叮叮呀，這叫拖拉機，是鄉村來的，城裡很少見哦。」

叮叮撓著頭，皺著眉說：「明明是卡丁車嘛！」

媽媽真是哭笑不得了，但看著他天真的模樣，不忍心與他爭論，便說：「是呀，乖孩子，這就是卡丁車。」

「爸爸媽媽，聖誕節要來了是嗎？」叮叮又開始喋喋不休的提問了。

「是的，叮叮，我們在準備聖誕節需要的東西，你先去玩，好嗎？我們現在需要安靜。」

「哦，好吧。」叮叮不情願的出去了，為什麼爸爸媽媽要安靜時才能列好物品單？不過叮叮是個開朗的孩子，一下子就「雨過天青」了，和小伙伴們玩了起來。

「叮叮，你這個聖誕節想得到什麼禮物啊？」

「這個……我還沒想好呢。你們呢？」

「哈哈，我想要得到一條公主裙呢。」

「太不值啦，公主裙平時就可以買到啊，況且，聖誕襪裝得下？」「哈哈……」大家都笑了起來。

街上響起了聖誕夜的曲子，這一天終於來了，叮叮和小伙伴們可盼望了很久了，叮叮回到家以後，把精心挑選的聖誕襪掛在門上，準備睡覺了，因為聖誕老人只有在別人睡覺的時候才會出來，其實叮叮有一個非常想要的禮物，他想當面對聖誕老人說，這樣才會顯得比較有誠意嘛，天真的叮叮幻想著聖誕老人從煙囪裡爬下來的景象，一邊撲哧撲哧的笑，一邊慢慢的鑽進被窩。

等到夜深人靜的時候，果然沒有辜負叮叮的期望，聖誕老人來了，不過由於聖誕老人實在是太老了，又實在太累了，只好從門口走進去，慢吞吞的走到叮叮的房間，把門打開以後，嚇得聖誕老人直往後退，原來是叮叮從床上跳了起來，直撲到聖誕老人的懷裡，於是，兩人一起摔倒了地上，聖誕老人咧咧嘴，和藹地給了叮叮一個微笑，叮叮說：「聖誕老爺爺，你可以實現任何願望的是嗎？」

「只要能做到的我都會盡力而為的。」

叮叮依偎在聖誕老人的懷裡，哭著說：「聖誕老爺爺，你做我的爺爺好嗎，這是我最大的願望了。」

叮叮的哭聲驚動了父母，他們悄悄地走到叮叮臥室的門前，看見這感人的一幕，沒有作聲，只是輕輕的回到了臥室，聽他們繼續講，聖誕老人當然很激動，說：「叮叮，以後我就是你的爺爺，只是我已經這麼老了，你應該不會嫌棄我吧？」

叮叮搖搖頭說：「我從小就沒有看見過我的爺爺，從今天起，我就有爺爺了，怎麼會嫌棄你啊。」

叮叮和聖誕老人溫馨地站在一起，笑了。

第二天，大家都拿著各自的禮物來炫耀了，一向喜歡玩的叮叮沒出來，大家可納悶了，於是到叮叮家去看，看到聖誕老人在叮叮家，以為叮叮把聖誕老人捉起來了，於是，闖進叮叮家，和叮叮吵了起來，聖誕老人，不，應該叫叮叮爺爺了，向大家解釋了以後，大家才明白過來，都感動極了，這也許是這個小鎮上最美的聖誕節了。

於是，聖誕老爺爺一直留在這個小鎮上，大家還是像以前一樣善良，小鎮依舊是那麼可愛……

小朋友的作品

小潔的任務

張芯恬（七年級）

一年一度的聖誕節就快到了，也是小潔最期待的節日。剛學會騎腳踏車的她，由於沒有自己的腳踏車，需要腳踏車時，總是得跟哥哥借，因此她雙手合十，對著天空祈禱：「聖誕老公公，希望今年聖誕節您能送我腳踏車！」

過了幾天，小潔收到了一封信，她迫不及待的打開信封，因為從來沒有人寫信給她，這是她第一次收到信。原來是聖誕老公公寄來的信！內容寫著：「親愛的小潔，妳的祈禱我聽到了！如果妳能完成一個任務，我就幫妳實現願望！」

這時，小潔的心跳加速，緊張的繼續閱讀下去。聖誕老公公給小潔的任務是「熱心助人，讓接受幫助的人，誠心的跟小潔道謝！」

小潔才剛上一年級，這個天真的孩子一直都是接受別人的幫忙，從來也沒幫過別人，她左思右想：在這個可愛的小鎮裡，大家都過得輕鬆自在，去哪找一個需要幫助的人呢？隔一天小潔上學時，一進校門，剛好看到安安提了好幾個袋子，她想：幫助別人的機會來了！小潔馬上走過去，說了一聲：「我幫你拿一個袋子！」

說著就從安安手中搶下一個袋子，安安一時沒有反應過來，摔坐在地上，袋子裡的東西也散落一地！

小潔不但沒有向安安道歉，反而跟他說：「快跟我說謝謝啊！我幫你拿袋子聖！」

安安生氣的說：「你根本在幫倒忙！」

小潔心裡很沮喪，幫助別人為什麼得不到感謝呢？難道方法錯了嗎？

接下來好幾天，小潔還是找不到幫助別人的方法。就在幾乎忘了「任務」這件事的時候，在放學回家的路上，小潔遇見了一位老奶奶著急的左顧右盼，嘴裡喊著「小耳、小耳！」看著老奶奶一跛一跛的走著，小潔擔心她會跌倒，趕緊走到老奶奶身邊問她怎麼了？

老奶奶看著小潔回答說：「我的小貓不見了！我一直找不到牠，小女孩，妳能陪我一起找嗎？我需要一個人扶著我走路。」

小潔看著老奶奶熱切的眼睛，雖然她很想早點回家寫功課，但又無法拒絕老奶奶，只好答應了。

小潔扶著老奶奶走遍社區每個角落，她們走得筋疲力盡，還是找不到小耳，小潔說服老奶奶先休息一下，就扶著老奶奶到旁邊的樹蔭下休息。

這時，她們突然聽到「喵！喵！」的叫聲，抬頭一看，樹上有隻小貓，身體卡在樹枝中間。老奶奶喊著「小耳、小耳！牠是我的小耳！」小潔一時不知所措，剛好有位員警經過，小潔向他求救，員警先生就聯絡了消防隊來救援，好不容易

才把小耳救下來。老奶奶抱著小耳又哭又笑，一直向消防隊道謝。後來小潔又貼心的扶著老奶奶回家，在路上，老奶奶跟小潔說：「小女孩，今天真的很感謝妳，要不是妳扶著我走遍大街小巷，我怎麼找得到小耳。」

回到家時，媽媽正在布置聖誕樹，小潔才想起今天已經是聖誕夜了，也想起聖誕老公公和她的約定，心裡高興了一下。但她並不是為了即將得到夢寐以求的聖誕禮物而高興，而是因為幫助別人所得到的成就感與快樂。在這個安詳的聖誕夜裡，小潔夢見了聖誕老公公豎起大拇指，對她說：「小潔，妳好棒！」

管阿姨說

聖誕節和聖誕夜給人的感覺總是很溫馨的，而這五篇作品讀來真的都很溫馨，情節也都很豐富，相當不錯！

Part 2
如何處理靈感

IDEA

1 爸爸的腳踏車

在這個部分一共有十一篇，每一篇一開始都是小朋友的作文。我們把這篇作文拆開來，一句一句的列出這篇作文的素材，然後再試著重新組合，讓小朋友們參考看看，同樣的素材，如果用不同的大綱，會有怎樣不同的效果。

這是一篇六年級小朋友的作文，題目叫作〈爸爸的腳踏車〉。

老爸的腳踏車是他的交通工具。每天一早爸爸就騎著腳踏車去上班。老爸已經四十五歲，因為每天都風雨不改騎著腳踏車去工作，雖然每次都汗流浹背，但身體還滿結實健壯。

傍晚回到家裡，老爸總沒忘記把腳踏車洗刷一番。這腳踏車雖已用了十五年，因有照顧，很少會途中拋錨或發生故障。老爸對它有著深厚感情，愛惜有加。

老爸總說腳踏車比其他交通工具經濟方便，省了不少麻煩。當油價飆升時，老爸更慶幸說不關他事，還偷偷暗笑呢！

猶記得年幼時，老爸每天傍晚都載我到附近的公園去玩。爸爸在腳踏車前綁了個藤椅，我坐在其中，涼風陣陣吹來，十分舒服涼爽。媽媽擔心我這小少爺會跌倒受傷，總是不放心讓老爸載我出門。我們父子時常騎著腳踏車去買東西，可說十分方便。

如今藤椅仍在，但已置在一旁，不適合我坐了。看到老爸下班回來，我總沒忘記會幫他把腳踏車沖洗。老爸不時都稱讚我是個孝順的兒子，令我深感甜在心頭。

如今，我已長得如老爸一般高大了。空閒時，我總愛騎老爸那輛腳踏車到處兜風。有時還載著老爸去公園，在那裡談天說地，優閒逍遙，父子情深難忘懷。

管阿姨說

這篇作品讀起來的感覺比較樸實，也比較有人情味，只是就內容而言，「時間」是跳來跳去的，好像不但有關於目前的描寫，也有小時候的回想，讀起來會讓人感覺有一點迷惑。如果能夠在敘述上加強一點條理性，感覺一定會更好。

最後一句「父子情深難忘懷」也有點兒讓人摸不著頭腦，不知道小作者現在是不是沒有和父親生活在一起了？不知道這是不是一篇追憶的文章？否則又怎麼會「難忘懷」呢？

不過，我們不妨暫時先不去深究「父子情深難忘懷」這句話，就按照這篇作品目前的樣子，把文章裡頭的素材分析一下，並且按照小作者敘述的順序一個一個條列出來：

・爸爸有一輛腳踏車。
・爸爸很照顧他的腳踏車。
・爸爸認為腳踏車的好處。
・小時候爸爸騎腳踏車載我去玩。
・現在我幫爸爸照顧他的腳踏車。
・現在換成是我來載爸爸。

如果我們把這些素材重新組織一下，改從「小時候爸爸騎腳踏車載我去玩」開始說起，再說「爸爸有一輛腳踏車」、「爸爸認為腳踏車的好處」、「爸爸很照顧他的腳踏車」，最後再說「現在換成是我來載爸爸」、「我幫爸爸照顧他的腳踏

車」，然後順便把文字稍微修飾一下，看看會是什麼樣的效果。

猶記得年幼時，老爸每天傍晚都騎腳踏車載我到附近的公園去玩。爸爸在前面綁了一個籐椅，我坐在其中，涼風陣陣吹來，十分舒服涼爽。

媽媽擔心我這小少爺會跌倒受傷，總是不放心讓老爸載我出門。但我們父子還是時常騎著腳踏車去買東西，可說十分方便。

腳踏車也是爸爸的交通工具。每天一早爸爸就騎著腳踏車去上班。老爸已經四十五歲，但因為每天都風雨不改騎著腳踏車去工作，雖然每次都汗流浹背，但身體還蠻結實健壯。

老爸總說腳踏車比其他交通工具經濟方便，省了不少麻煩。當油價飆升時，老爸更慶幸說不關他事，還偷偷暗笑呢！

每天傍晚回到家裡，老爸總沒忘記把腳踏車洗刷一番。這輛腳踏車雖已用了十五年，因為照顧得好，很少會途中拋錨或發生故障。老爸對它有著深厚感情，愛惜有加。

如今藤椅仍在，但已置在一旁，不適合我坐了，因為我已長得如老爸一般高大了。現在空閒時，我總愛騎老爸那輛腳踏車到處兜風。有時還載著老爸去公園，在那裡談天說地，優閒逍遙。

看到老爸下班回來，我也總沒忘記幫他一起沖洗腳踏車。老爸不時都稱讚我是個孝順的兒子，令我深感甜在心頭。

瞧，同樣的素材，只因為排列的順序不同，是不是整個效果也就不一樣了？

2

自動書包酷又棒

這是一篇四年級小朋友的作文，題目叫作〈自動書包〉。

我從小就有一個願望，就是發明自動書包。

小時候我總是羨慕愛迪生等科學家發明的科學產品，我是多麼希望自己長大了能當上一名科學家，發明出各種科學產品呀！

我發現我的同學們每天上學的時候都背著一個沉重的書包。同學們有的被壓成了駝背，有的像鞠躬一樣走路，所以我想到了發明自動書包。

它是粉紅色的，有一雙天藍色可以自動伸縮的翅膀，翅膀下面有兩個紫色的小輪子，輪子的中間有一個微型電子裝置。

這個書包的作用可大了！當你上學的時候，只要按書包上的按鈕，

書包底下的發動機就會發動，翅膀也會慢慢的擺動，帶著你飛上天，再也不會覺得書包就像是沉重的大石頭一樣壓在你的背上了。等到了學校，書包就會落地，它那雙天藍色的翅膀也縮進了它的「口袋」裡。如果你要書本，就用遙控器輸入你要的那本書的名稱，它就會自動彈到你的面前。當你用完書後，要把書本放回書包時，拿起遙控器按下按鈕，書本就會自動放回到書包裡。

我希望將來我長大了，成了科學家，製造出一種自動書包。

管阿姨說

我一直覺得中年級是最適合寫童話的一個階段，一方面中年級小朋友不像歌詞中說的像高年級的小朋友那樣「有一張成熟的臉」（其實應該說是一個比較成熟的心智），想像力還比較奔放，比較容易有一些奇思妙想，另一方面中年級小朋友所能掌握的字呀詞呀成語呀俗語呀典故呀等等又比低年級的小朋友豐富，也就是說文字能力比較好，所以一旦有了什麼奇思妙想，就比較容易發揮，能夠表達得比較理想。

這一篇作品就是一個明顯的例子。

這篇作品似乎應該定位成是一篇可愛的童話會比較合適。

什麼叫作童話？簡單來說，就是現實世界中不存在、也不可能發生的事。不過，也許有的小朋友會覺得不服氣，因為，這篇作品所描述的「自動書包」即使現在沒有，也許將來就會有啊！好吧，那我們還是先把這篇作品的內容先條列一下，然後再看看如果是當成童話可以如何組合，當成記敘文又可以如何組合。

- 我想發明「自動書包」。
- 為什麼想要發明「自動書包」。
- 「自動書包」的樣子。
- 「自動書包」的功能。

（如果是當成記敘文來寫，還是盡可能保持一點童趣，整篇作品的風格會比較統一，效果也會比較好。所以我建議別把愛迪生扯進來。）

每當我看到同學們每天上學的時候都背著一個沉重的書包，有的被壓成了駝背，有的像鞠躬一樣走路，我就不禁幻想，要是能夠有一個「自動書包」該有多好呀！

在我的想像中，這個自動書包是粉紅色的，有一雙天藍色可以自動伸縮的翅膀，翅膀下面有兩個紫色的小輪子，輪子的中間有一個微型電子裝置。

當你上學的時候，只要按書包上的按鈕，書包底下的發動機就會發動，翅膀也會慢慢的擺動，帶著你飛上天，再也不會覺得書包就像是沉重的大石頭一樣壓在你的背上了。等到了學校，書包就會落地，它那雙天藍色的翅膀也縮進了它的「口袋」裡。如果你要書本，就用遙控器輸入你要的那本書的名稱，它就會自動彈到你的面前。當你用完書後，要把書本放回書包時，拿起遙控器按下按鈕，書本就會自動放回到書包裡。

如果真的有這麼一個「自動書包」，你會不會希望能夠擁有呢？

（而如果是當成童話來寫，現實層面的東西，也就是「我想發明『自動書包』」這一部分就可以盡可能的淡化，甚至整個拿掉。）

一早起來，我發現我快遲到了，不過，我不怕，因為我有一個超酷超棒的自動書包。

（接著寫「自動書包」的設計。）

這個自動書包是粉紅色的，有一雙天藍色可以自動伸縮的翅膀，翅膀下面有兩個紫色的小輪子，輪子的中間有一個微型電子裝置。

只要按書包上的按鈕，書包底下的發動機就會發動，翅膀也會慢慢的擺動，帶著你飛上天，再也不會覺得書包就像是沉重的大石頭一樣壓在你的背上了。等到了學校，書包就會落地，它那雙天藍色的翅膀也縮進了它的「口袋」裡。如果你要書本，就用遙控器輸入你要的那本書的名稱，它就會自動彈到你的面前。當你用完書後，要把書本放回書包時，拿起遙控器按下按鈕，書本就會自動放回到書包裡。

（接著再寫為什麼會發明這個「自動書包」。）

也許你會問，這麼棒的自動書包是怎麼來的呀？告訴你

吧，是因為每當我看到同學們每天上學的時候都背著一個沉重的書包，有的被壓成了駝背，有的像鞠躬一樣走路，我就不禁幻想，要是能夠有一個「自動書包」該有多好呀！

怎麼樣？這個「自動書包」很棒吧？你想不想也擁有一個呢？

3 毛毛蟲和蝴蝶

這是一篇六年級小朋友的作文，題目叫作〈我是一隻毛毛蟲〉。

咦，前面那青蔥多汁的「葉食」看起來好誘人喲！先咬一小口，哇，這真是絕世美食啊！這些食物成了我這一生最大的享受，只要能嘗一小口的葉片，我的心中就洋溢著滿滿的幸福。

我就是嬌滴滴的女孩們最害怕的昆蟲——毛毛蟲。我從小無父無母，但卻被賦予了一個優良的生長環境，即這座令我垂涎三尺的花園了。美味多汁的葉食無所不在，使我每天都活得那麼有意義。也許我天生長著無盡的毛髮，再加上我總是愛蠕動自己的身體，所以許多膽小的人類都對我避而遠之，把我視為凶猛的野獸般。

我對自己的生活感到很滿意，我不需長途跋涉尋找食物，因為所有的食水都在我身邊，而我本身就已經生長在草叢裡。我的生活就是那麼的無憂無慮，那麼的簡單，那麼的快樂。直到有一天……

當我如常地在葉片間蠕行時，突然間聽到一陣聲音：「嘩，好美麗的蝴蝶啊！」這是一位小女孩的聲音，我吃力地翻動自己的身體，看到了令我震撼的情景：一隻色彩繽紛的蝴蝶，正揮動它那雙輕盈的翅膀，自由自在地在天空飛翔著。它是那麼地引人注目，身上的色彩散發出氣質。我想，在空中飛翔的感覺想必很棒吧！剎那間，心中充滿著無比的羨慕，羨慕它所擁有我沒有的一切美好。

自從看到蝴蝶以後，我不再像以前那樣生活了。聽說只要躺在某處休息，並不進食，就有機會化身為蝶了。於是，為了朝目標前進，我決定讓自己的身體受一些委屈，不進食並且躺在一個地方望著天空。幾天後，我覺得自己不像以前快樂又健康，而是變得憂愁且瘦巴巴的，連青蛙都沒胃口把我吃掉。

原來要當一隻蝴蝶是那麼的折磨且難如登天的事啊！我寧願當一隻幸福且知足的毛毛蟲，也不會這樣折騰自己的身體。於是，我決定繼續過著一直以來的幸福生活，繼續享受身邊的美食。日復一日，直

到某天，我覺得整個身體很輕鬆，眼皮也愈來愈重，閉上眼睛睡了好久……

咦？怎麼四面八方都是牆啊？我猶如過了幾個世紀後般驚醒過來。我的家園呢？我使勁全力，不斷地撞這一層厚厚的牆。「啪」的一聲，我終於撞破了！當我準備蠕動自己的身體，卻驚訝地發現，我正在揮動兩片翅膀！看著自己那曾經那麼渴望擁有的身軀，我深深體會到了破蛹而出的成就感，也明白了凡事不必強求，而應當順其自然。我不再是毛毛蟲了，我已長大了，我是一隻美麗的蝴蝶！

管阿姨說

這是一篇還不錯的童話。不過，既然在故事結尾毛毛蟲已經蛻變成蝴蝶，題目還叫作〈我是一隻毛毛蟲〉好像就有一點怪，或許可以再多考慮一下。

我們先把文章的內容分析一下：

- 自我介紹，讓讀者知道「我」是一隻毛毛蟲。
- 我對自己身為毛毛蟲的生活感到很滿意。
- 看到蝴蝶的震撼。
- 也想做一隻蝴蝶，於是展開自虐。
- 發現要當一隻蝴蝶不是易事，很痛苦。

．放棄要當一隻蝴蝶的念頭，重新做一隻毛毛蟲。

．結尾，意外發現自己變成蝴蝶了。

小作者的內容很多，但是，綜觀全文，我們會發現毛毛蟲心態的轉變（從羨慕別的蝴蝶因而「自虐」，到決定「順其自然」，再到「順其自然」後所帶來的驚喜），這一個部分無疑應該是重點，但是現在讀來卻似乎有一點平淡，如果能夠把這個部分多加強一些，整個故事就會更具戲劇性，也就是說情節就會更豐富。

為了突出重點，開場白（「自我介紹」的部分，也就是第一段和第二段）不妨精簡一些。同時，有些不太恰當的詞句也應該修改一下，譬如「我天生長著無盡的毛髮」、「許多膽小的人類都對我避而遠之，把我視為凶猛的野獸般」等等都不太恰當。

或者，如果乾脆把題目叫作〈我是一隻蝴蝶〉，然後改變整個文章的架構，一開場「我」就是一隻蝴蝶，再倒回去敘述，然後提起自己曾經是一隻毛毛蟲，效果應該會比較好。

我是一隻美麗的蝴蝶。不過，就在不久以前，我還是嬌滴滴的女孩們最害怕的昆蟲——毛毛蟲。

其實，身為毛毛蟲的那段日子，我過得也不錯。我從小無父無母，但卻非常幸運的能夠生活在一個優良的生長環境，就是一座處處令我垂涎三尺的花園了。美味多汁的葉食無所不

在，使我每天都活得那麼有意義。也許我天生長著無盡的毛髮，再加上我總是愛蠕動自己的身體，所以許多膽小的人類都對我避而遠之，把我視為凶猛的野獸般。

我對自己的生活感到很滿意，我不需長途跋涉尋找食物，因為所有的食水都在我身邊，而我本身就已經生長在草叢裡。我的生活就是那麼的無憂無慮，那麼的簡單，那麼的快樂。直到有一天……

當我如常地在葉片間蠕行時，突然間聽到一陣聲音：「嘩，好美麗的蝴蝶啊！」這是一位小女孩的聲音，我吃力地翻動自己的身體，看到了令我震撼的情景：一隻色彩繽紛的蝴蝶，正揮動它那雙輕盈的翅膀，自由自在地在天空飛翔著。它是那麼地引人注目，身上的色彩散發出氣質。我想，在空中飛翔的感覺想必很棒吧！剎那間，心中充滿著無比的羨慕，羨慕它所擁有我沒有的一切美好。

自從看到蝴蝶以後，我不再像以前那樣生活了。聽說只要躺在某處休息，並不進食，就有機會化身為蝶了。於是，為了朝目標前進，我決定讓自己的身體受一些委屈，不進食並且躺在一個地方望著天空。幾天後，我覺得自己不像以前快樂又健康，而是變得憂愁且瘦巴巴的，連青蛙都沒胃口把我吃掉。

原來要當一隻蝴蝶是那麼的折磨且難如登天的事啊！我寧願當一隻幸福且知足的毛毛蟲，也不會這樣折騰自己的身體。於是，我決定繼續過著一直以來的幸福生活，繼續享受身邊的

美食。日復一日，直到某天，我覺得整個身體很輕鬆，眼皮也愈來愈重，閉上眼睛睡了好久……

咦？怎麼四面八方都是牆啊？我猶如過了幾個世紀後般驚醒過來。我的家園呢？我使勁全力，不斷的撞這一層厚厚的牆。「啪」的一聲，我終於撞破了！當我準備蠕動自己的身體，卻驚訝的發現，我正在揮動兩片翅膀！看著自己那曾經那麼渴望擁有的身軀，我深深體會到了破蛹而出的成就感，也明白了凡事不必強求，而應當順其自然。

你瞧，現在我不是已經長大了嗎？我不再是毛毛蟲了，我是一隻美麗的蝴蝶！

4 餅乾的香味

這是一篇四年級小朋友的作文，題目叫作〈一口餅乾〉。

一天下午，我肚子有點兒餓便去餅乾桶裡拿了餅乾。餅乾的顏色是咖啡色的，我仔細的看，發現餅乾的上面有一隻可愛的胖熊熊，它圓圓的眼睛下面有一個大大的鼻子，非常可愛！

當我吃下第一口時，「卡嚓，卡嚓……」的餅乾聲音帶一點餅乾的香味兒飄在廚房的上空。哇，真好吃！吃第二口時，讓我回憶起幼稚園的兒童節。兒童節當天，老師邀請家長一起來參與親子烘焙課，許多家長都來參與。

我和同學在一起做餅乾。首先，老師把搓好的麵粉團分給我們，我們只需要把字母形的模型印在麵粉團上，而媽媽在一旁幫忙我。然後，再放進烤箱烘焙二十分鐘就好了。不久，香噴噴的餅乾出爐了。看著形形色色的餅乾，再加上一股香味直往鼻子裡。這時，我不停的嚥著口水，心想：「老師呀老師，您快點讓我們試吃吧！」老師一聲令下，同學們拿著餅乾就「卡嚓，卡嚓」的吃起來。教室裡瀰漫著各種餅乾的香味。

媽媽選了B字母的餅乾吃了一口，而我選了A字母的餅乾吃了一口，當我輕輕咬了一口餅乾時，哇，脆脆的，甜甜的，香濃的餅乾裡還隱隱有一點兒牛奶的香味，真是妙不可言！當我吃完一片後，我的嘴裡還有一股濃濃的香味呢！

老師讓我們試吃後，說：「你們可以把自己做的餅乾帶回家吃。」同學們聽了，開心的歡呼！便把桌子整理好後，同學們帶著一副心滿意足的樣子各自把自己的餅乾放進盒子裡，準備帶回家慢慢的和家人享用。

我和媽媽也帶著我們一起做的餅乾帶回家與家人分享。也許是太好吃了，不到一個小時就吃完最後一口的餅乾了。這美好的時光，我會永遠銘記那一口餅乾的香味。

管阿姨說

不難想像，那一次的親子烘焙課實在是太有趣了，以至於雖然已經事隔幾年，只要小作者能夠慢慢的回想，細細的回想，還是能夠回想到那麼多的細節，甚至於那一口餅乾的香味，小作者都還能回想得那麼真切；所謂「歷歷在目」，應該就是指這樣的情況吧，確實是妙不可言。

這篇文章的內容分為三個部分。請注意在文章中出現的時空。

- 一天下午，小作者肚子餓了吃餅乾。（這是「現在」。）
- 在吃餅乾的時候想起幼稚園的一次親子烘焙課。（這是

「過去」。）

．回憶完畢，回到現在。

顯然，文章的重點都放在過去，放在回憶。我建議不如把一開始「肚子餓了吃餅乾」這一個部分省略（儘管小作者把這一個部分也寫得滿可愛的），盡快進入回憶，並且把結尾稍微加強一下（目前只有「這美好的時光……」這一句），這樣文章的節奏可以更簡潔有力。

譬如：

雖然那是在我念幼稚園的事，可是現在回想起來，那天的情景還是那麼的清晰。

那是在兒童節當天，老師邀請家長一起來參與親子烘焙課，許多家長都來參與。

我和同學在一起做餅乾。首先，老師把搓好的麵粉團分給我們，我們只需要把字母形的模型印在麵粉團上，而媽媽在一旁幫忙我。然後，再放進烤箱烘焙二十分鐘就好了。不久，香噴噴的餅乾出爐了。看著形形色色的餅乾，再加上一股香味直往鼻子裡。這時，我不停的嚥著口水，心想：「老師呀老師，您快點讓我們試吃吧！」老師一聲令下，同學們拿著餅乾就「卡嚓，卡嚓」的吃起來。教室裡瀰漫著各種餅乾的香味。

媽媽選了B字母的餅乾吃了一口，而我選了A字母的餅乾吃了一口，當我輕輕咬了一口餅乾時，哇，脆脆的，甜甜的，香濃的餅乾裡還隱隱有一點兒牛奶的香味，真是妙不可言！當我吃完一片後，我的嘴裡還有一股濃濃的香味呢！

老師讓我們試吃後，說：「你們可以把自己做的餅乾帶回家吃。」同學們聽了，開心的歡呼！便把桌子整理好後，同學們帶著一副心滿意足的樣子各自把自己

的餅乾放進盒子裡，準備帶回家慢慢的和家人享用。

我和媽媽也帶著我們一起做的餅乾帶回家與家人分享。也許是太好吃了，不到一個小時就吃完最後一口的餅乾了。

想想這雖然已經是幾年前的事了，但是那餅乾的香味好像到現在還留在我的嘴巴裡。一直到現在，每當我吃餅乾的時候，「卡嚓，卡嚓」吃餅乾的聲音好像都會帶我回到那一段美好又愉快的時光。

5

幸福小汙點

這是一篇五年級小朋友的作文，題目叫作〈幸福小汙點〉。

今天，我放學回到家時，我看見父母一副對彼此不理不睬的樣子，不曉得他們到底怎麼了。

晚上，我在房間做功課時，一陣吵架聲往我房間傳來。我好奇的跟

隨著聲音走去，走到了父母的房間，聽見他們在吵架，幾乎吵到了不可收拾的地步。

一眨眼，已過了一個星期，他們仍然沒有復合。我認為這次吵架，吵了最久。眼看這樣的情況，我和弟弟都非常傷心。我靈機一動，想要製作一本幸福小簿子，一心想要把過去的美好回憶一一都記下來。在幸福小簿子裡，我紀錄了這幾年來我們點點滴滴的美好回憶。

經過這件事情，我的幸福小簿子裡就留下了小汙點。回想起以前爸爸和媽媽吵架的時候，爸爸總是會退讓討好媽媽。現在，爸爸和媽媽誰都不肯退讓一步。

晚上，我上床睡覺了，媽媽走進我的房間。她無意間發現我的幸福小簿子。媽媽看到了我的希望，便主動和爸爸復合。隔天早上，爸爸和媽媽一切如常，他們答應我和弟弟以後不會再為一些芝麻小事而吵架了。

從此以後，我和家人便過著快樂幸福的日子，我和弟弟也不用擔心幸福小簿子裡會再有第二個小汙點的出現。

管阿姨說

坦白說，以五年級的小朋友來說，這篇作品的篇幅有一點少，但是因為能夠把一個尋常的題材寫得頗有新意，從這個角度來看，還是一篇相當不錯的作品。只是「復合」這個詞用得不恰當，應該是「和好」。

小孩子大概都很不喜歡看到父母親吵架吧，每當看到父母親吵架，做小孩的總是會感到不安、焦慮、煩躁或者是像這篇作品小作者所形容的——「傷心」。那麼，在這種時候，你會怎麼辦呢？是躲在房間裡不出來？還是跑到外面去躲著不回家？還是衝著爸爸媽媽大吼大叫？在這篇作品中，小作者是採取了一種積極的作為，那就是趕緊製作一本「幸福小簿子」，然後用這個小簿子喚起爸爸媽媽溫暖的記憶，想到幸福是多麼的不容易，多麼的應該珍惜，最後終於成功的使爸爸媽媽停戰。

就題材來說，其實這篇作品有相當突出的優點，只可惜敘述得太過簡略了些。

此外，有一個很多小朋友在作文的時候經常會犯的毛病，那就是對於時間的交代很不清楚，比方說在這篇作品中，如果一開始、第一段用的是「今天」，到了第三段「一眨眼，已過了一個星期」的說法就很不對勁，而最後一段「從此以後」的說法也很奇怪。

一件事情，到底要從哪一個時間點來開始敘述，這是需要花一點心思好好考慮一下的。以這篇作品來說，我建議不妨從製作幸福小簿子的這個晚上開始敘述，因為這是重頭戲。

比方說：

一眨眼，已經過了一個星期了，爸爸媽媽仍然沒有和好。

那天，當我放學回到家時，看見父母一副對彼此不理不睬的樣子，不曉得是怎麼了。晚上，我在房間做功課時，一陣吵架聲往我房間傳來。我不安的跟隨著聲音走去，走到了父母的房間，聽見他們在吵架，幾乎吵到了不可收拾的地步。

以前他們吵架的時候，爸爸總是會退讓討好媽媽，但是這一次，爸爸和媽媽誰都不肯退讓一步。這一次，他們吵了最久，眼看這樣的情況，我和弟弟都非常傷心。

我靈機一動，想要製作一本幸福小簿子，一心想要把過去的美好回憶一一都記下來。在幸福小簿子裡，我紀錄了這幾年來我們點點滴滴美好的回憶。

後來，在我上床睡覺的時候，媽媽走進我的房間，告訴我，她無意間發現我的幸福小簿子。媽媽看到了我的希望，便主動和爸爸和好。隔天早上，爸爸和媽媽一切如常，他們答應我和弟弟以後不會再為一些芝麻小事而吵架了。

希望從此以後，我和家人能過著快樂幸福的日子，我和弟弟也不用擔心幸福小簿子裡會再有第二個小汙點的出現。

瞧，雖然素材還是一樣，但是只要把時間理順一點，文字再修飾一下，讀起來是不是就清楚多了？

6 第一次做生意

這是一篇五年級小朋友的作文，題目叫作〈第一次做買賣〉。

星期一，五年級的文學社團成員在操場上擺起了地攤，就地做起了買賣。我也是文學社的一員，我們幾個同學合夥做了一次生意。我們早早的選好了攤位，定在學校大門旁的一棵大樹下。如果有四年級的同學

來買東西，必定先來我們這裡看看，占據著這個位置的優勢，我想我們的買賣一定會很好。**（注：如果把「買賣」改成「生意」比較好。）**每進來一個人，我們就對著他大聲介紹我們的產品，吸引了不少顧客光臨。很快我們就賣掉了一些東西。於是我就跑到別人的攤位去看看，有時看到喜歡的貨物，就會把它買下來，放到自己的攤位上再賣出去，當然價格要提高很多。但有些貨不受顧客歡迎，我就會把價格壓低一些。我們模仿別人做生意的樣子，別人吆喝，我們也跟著吆喝，別人打九折，我們也打九折。

做生意最關鍵的是會談價錢。如果你是一位精明的生意人，就不會虧本，可以賺到很多錢，而有的小老闆不會訂價錢，也不會跟顧客談價格，當然就要虧本啦！這次活動真有趣，我太喜歡了。

管阿姨說

以五年級的小朋友來說，這篇作文好像也短了一點，四百字不到。那麼，該怎麼樣才能把作文寫得長一點呢？（其實精確一點的說法應該是，該怎麼樣才能使內容豐富一點呢？）

首先，是要把一些「作者知道，但是讀者不知道」的背景因素交代清楚。

比方說，這是一個什麼樣的活動？是母親節或是兒童節的「跳蚤市場」？還是某一次愛心義賣？這是需要說明的，讀者讀起來才不會糊里糊塗。

其次，挑選一些重頭戲來好好發揮。

我們不妨先來分析一下這篇文章的內容：

·活動前的準備工作，包括早早就占了一個好位置。

·活動進行的過程。

·對於活動的一點想法。在這個部分，小作者只有一句話——「這次活動真有趣，我太喜歡了」，好像有一點太簡略了。

如果就這些內容來看，重頭戲當然應該是在活動進行的過程。事實上，小作者在這一個部分已經寫得滿有趣的，不過，既然是「吆喝」，如果能適當的加入一點對話，一定會顯得更生動、也更精彩。

有另外一位小朋友寫了一篇叫作〈跳蚤市場〉的作文，關於如何「吆喝」就有相當活潑的描述，我們不妨一起來欣賞一下……

一下課，許多攤位上就擠滿了小顧客。但很少有同學來我們的攤位上買東西。怎麼回事呢？要是沒人買，我拿什麼錢去買書送給同學啊？於是，我們派了一個同學去打聽是怎麼回事。不一會兒，那個同學回來了，就說：「別人都在使勁的喊，喊得很好聽呢！」是啊，做生意當然要主動一點啊。可是，誰來喊？大家你推我、我推你，都不敢喊。我終於鼓起勇氣大喊：「走過路過，千萬不要錯過啊！」就這簡單的一句，還真的吸引了很多客人。但客人問了價後，又走開了。看來是嫌我們的東西貴。大家又商量，決定降價。於是，我又喊：「走過路過不要錯過啊，東西大降價囉！」客人聽了這句話，有很多跑到這裡來了。於是，一陣講價還價，我們的東西很快賣完了。我們開始數錢，一共有兩百多塊呢。

這一篇〈跳蚤市場〉同樣是一個五年級的小朋友寫的，感覺上內容就比較豐富，長度也比較理想，光是「如何做生意、如何吆喝」這一個部分的重頭戲就有三百字了（不過如果能把段落分清楚一點就會更好）。

一篇作文，如果只是輕描淡寫、蜻蜓點水的匆匆交代完畢，是不容易寫得好的，一定要挑出重點，可以加強和突出的地方要好好發揮，不要輕易放過，這樣整體的效果就會完全不一樣了。

7 老師的一句話

這是一篇六年級小朋友的作文，題目叫作〈老師的一句話〉。

「只有從來不嘗試的人才不會犯錯。」這是黃老師對我說過的一句話，至今仍在我耳邊響起。

還記得那天上體育課時，黃老師早已在操場上準備了一個跳箱及厚

厚的墊子。「嘩，原來今天老師要教我們跳箱哩！」同學們不禁振臂歡呼起來。我心裡暗叫不妙，因為我知道黃老師是絕對不允許我們做「逃兵」的。

黃老師一面解釋，一面示範跳箱的動作。只見他飛一般地跑到跳箱前，兩手按著箱背輕輕一躍，像羚羊般地越過跳箱，整個人落在墊子上，同學們不禁拍手叫好。

男同學很快地就掌握了這技能。女同學也不落人後，個個信心十足的躍了過去，黃老師不停地點頭、微笑、鼓掌……很快的就輪到我了，我吃力地跑到跳箱前，卻停了下來。同學們都忍不住笑了起來，老師命令我再試一遍。天哪！那跳箱像一座小山，擋住了我的去路，我怎麼能跳過呢？

我遲疑著不敢上前嘗試。這時，老師走了過來，再示範給我看，然後拍拍我的肩膀說：「只有從來不嘗試的人才不會犯錯。」

這句話就像一支強心劑，我鼓足了勇氣，加快腳步跑到跳箱前，雙腳在踏板上用力一蹬，兩手在箱背上用力一按——「啊！跳過去了！」同學們都歡呼起來，鼓勵的掌聲令我感動得快流出了眼淚。

老師的那一句話讓我成功地克服了心理障礙，能像其他同學一樣，一次又一次地躍過那個跳箱。

我終於明白：別人能辦到的，我也能！

管阿姨說

既然題目叫作〈老師的一句話〉，那句話自然是重點。像這樣的題目，通常有兩種寫法（也就是兩種結構）：第一種是先趕快告訴讀者，老師所說的那句話是怎樣的一句話，當然必須是頗有點道理，值得回味與深思的一句話，譬如這篇文章中老師所說的這句話，或是「人不可貌相，海水不可斗量」、「天才是一分靈感，再加上百分之九十九的努力」等等，然後再告訴讀者，老師是在什麼樣的情況之下說了這句話，也就是敘述整個事情的經過；第二種寫法是先跟讀者賣個關子，先直接開始描述事情，然後才在適當的時候告訴讀者老師到底說了什麼話，並且再加上自己的感想，描述一下這句話對自己產生了多大的激勵作用。比方說，這篇文章如果是採取第二種寫法，就不妨省略第一段，直接從第二段開始寫起：

還記得那天上體育課時，黃老師早已在操場上準備了一個跳箱及厚厚的墊子。「嘩，原來今天老師要教我們跳箱哩！」同學們不禁振臂歡呼起來。我心裡暗叫不妙，因為我知道黃老師是絕對不允許我們做「逃兵」的……

然後把結尾處加強一下：

「只有從來不嘗試的人才不會犯錯。」老師的那一句話讓我成功地克服了心理障礙，能像其他同學一樣，一次又一次的躍過那個跳箱。我終於明白：別人能辦到的，我也能！

在這篇作品中，小作者所採用的是第一種寫法，就文章的結構而言是相當四平八穩的一種方式。

不過這篇作品最大的長處還不是結構，而是在描寫老師示範如何跳箱，以及自己最初的恐懼，譬如「只見他飛一般地跑到跳箱前，兩手按著箱背輕輕一躍，像羚羊般地越過跳箱」、「我吃力地跑到跳箱前，卻停了下來」、「那跳箱像一座小山，擋住了我的去路」、等等這樣的形容，都充分發揮了孩子的童真，非常可愛。緊接著再描寫自己是如何在老師一句話的激勵之下完成了跳箱的整個過程（「我鼓足了勇氣，加快腳步跑到跳箱前」，整體而言小作者把一堂體育課、以及老師所說的一句激勵人心的話，描寫得非常的活潑生動，相當可喜。

8 漏網的大螃蟹

這是一篇五年級小朋友的作文，題目叫作〈發生在家裡的一件事〉。

上星期五的上午，媽媽從菜市場買回來一塑膠袋大螃蟹。我開心得一蹦三尺高，我可好久沒吃螃蟹了。媽媽走進廚房，把螃蟹放好後，就

對我說：「嘉儀，來幫我一起洗螃蟹。」

於是，我興匆匆的把袖管拉高，拿出鍋準備放螃蟹。媽媽洗好一隻，我就放一隻，就這樣放了滿滿一鍋。不一會兒，螃蟹全都洗完了。這時，有一隻大螃蟹，趁我不注意，從鍋裡爬出來。後來，被我發現了，便手忙腳亂地捉。誰知道螃蟹沒捉到，而鍋裡的其他螃蟹卻紛紛爬了出來。「媽媽，快來！螃蟹大逃亡了！」我急得直叫媽媽。媽媽叫我按好鍋蓋，她捉「逃兵」。我們母女倆費了九牛二虎之力，總算把「逃兵」們全投進了「集中營」。

晚上開飯了，我們一家三口吃著美味可口的芝士螃蟹，可吃得津津有味啦！

吃完晚飯做完功課，是時間上床睡覺了。不知過了多久的時間，迷迷糊糊中，有一隻尖尖的、毛茸茸的爪子，爬到我的臉蛋上。我嚇得大叫起來：「媽！什麼東西抓我臉呀！」爸爸媽媽被我吵醒了，他們開了燈，走過來，問我怎麼一回事。我說：「有一個尖尖的、毛茸茸的東西抓我的臉。」

爸爸翻開被單，仔細一看，原來是一隻大螃蟹，一隻「大逃亡」時漏網的大螃蟹。

一場虛驚過去了。但是它讓我懂得，做家務事也得仔細、認真，不可馬馬虎虎。

管阿姨說

生活裡總不免會碰到一些好玩的事，這些事如果和朋友們聊起來也許只是幾句話，但若化作文字很可能就是一篇有滋有味的作品。這篇作品就是一個很好的例子。

小作者把握住發生在家裡的一件事，小題大作，寫成了一篇趣味十足的作品。小作者不僅敘述很清晰，同時也很擅長運用對話來增加活潑生動的感覺，效果相當不錯。

值得商榷的是結尾——「它讓我懂得，做家務事也得仔細、認真，不可馬馬虎虎。」好像有一種刻意要說一點什麼大道理的感覺，可實際上反而破壞了整體的文風，頗為可惜。

此外，在文章的結構上，小作者目前所採取的是完全平鋪直敘式的寫法：

．上星期五的上午，媽媽從菜市場買回來一塑膠袋大螃蟹……

．螃蟹大逃亡，以及母女倆追捕的過程。

．當天晚上，在床上發現一隻漏網的螃蟹。

．小作者對於這件事的心得（「它讓我懂得，做家務事也得仔細、認真……」）

如果我們稍微調整一下，或許也可以這麼寫：

事情雖然已經過去好幾天了，但是回想起來還是心有餘悸。那天夜裡，當我已經睡得迷迷糊糊的時候，突然有一隻尖尖的、毛茸茸的爪子，爬到我的臉蛋上，那種恐怖的感覺，至今仍然是歷歷在目。

當時，我嚇得大叫起來：「媽！什麼東西抓我臉呀！」爸爸媽媽被我吵醒了，他們開了燈，走過來，問我怎麼一回事。我說：「有一個尖尖的、毛茸茸的東西抓我的臉。」

爸爸翻開被單，仔細一看，原來是一隻大螃蟹！

我的被窩裡怎麼會有一隻大螃蟹呢？

原來，當天在晚餐之前，我們家曾經上演過一場「螃蟹大逃亡」。

在那天上午，媽媽從菜市場買回來一塑膠袋大螃蟹。當時我開心得一蹦三尺高，我可好久沒吃螃蟹了。媽媽走進廚房，把螃蟹放好後，就對我說：「嘉儀，來幫我一起洗螃蟹。」

於是，我與匆匆地把袖管拉高，拿出鍋準備放螃蟹。媽媽洗好一隻，我就放一隻，就這樣放了滿滿一鍋。

不一會兒，螃蟹全都洗完了。這時，有一隻大螃蟹，趁我不注意，從鍋裡爬出來。後來，被我發現了，便手忙腳亂的捉。誰知道螃蟹沒捉到，而鍋裡的其他螃蟹卻紛紛爬了出來。「媽媽，快來！螃蟹大逃亡了！」我急得直叫媽媽。媽媽叫我按好鍋蓋，她捉「逃兵」。我們母女倆費了九牛二虎之力，總算把「逃兵」們全投進了「集中營」。

晚上開飯了，我們一家三口吃著美味可口的芝士螃蟹，可吃得津津有味啦！真沒想到在幾個小時以後，家裡會有那樣的一場騷動。

當然，這樣倒敘的結構未必就一定會比平鋪直敘式的結構要來得更好，只是畢竟也是另外一種選擇，另外一種安排，也是可以考慮的；同樣的材料，本來就可以有不只一種的寫法。關鍵是小朋友們如果能夠養成習慣，在下筆之前先把材料統統都條列出來，再仔細考慮要如何來安排他們，最後再從幾種可能的結構、可能的寫法中挑出一種自己最滿意的寫法，這樣的作文習慣對於提升作文的能力是很有幫助的，也是很需要培養的；有了這樣的作文習慣，以後在寫作文的時候就不會總是想到哪寫到哪、東一句西一句，而缺乏組織、缺乏條理甚至是缺乏變化的了。

9 我的小狗熊

這是一篇五年級小朋友的作文，題目叫作〈我的小狗熊〉。

在我五歲的生日那天，爸爸送了我一隻可愛的玩具小狗熊。我非常開心，我幫它取了個名字「愛愛」。

我的愛愛有雙黑褐色的大眼睛，淺褐色的毛髮和一條短短的小尾

巴。它的頸項還綁著一個美麗的蝴蝶結。

還記得有一次，愛愛頸上的蝴蝶結不見了！我找了老半天都找不到，原來媽媽把愛愛頸上的蝴蝶結拿去洗了。這才讓我放下心來。

每當我傷心失望或開心的時候，愛愛都會在我身邊陪伴著我。每當我有不開心的時候，我都會向愛愛說出我的心事。

有一次，媽媽在化妝的時候，我很好奇，於是我就先幫自己化妝，之後我又幫愛愛化妝。我們還拍了一些照片做紀念呢。

每天晚上，我都會抱著愛愛睡覺。如果它沒有在我的身邊，我就感到很寂寞。雖然陪伴了我六年的愛愛已經舊了，但我還非常愛惜它。

管阿姨說

這篇作品很可愛，有一種自然流露的童真，特別是「我們還拍了一些照片做紀念呢」這一句，儼然是把這個名叫愛愛的玩具狗熊當成是一個人、一個同伴了。孩子們總有一些心愛的玩具，這些玩具在孩子們的心目中往往都不只是一個玩具，而是都有著朋友般的地位，孩子們對這些寶貝玩具都是付出了感情的，而有了感情，以此來作文，自然都比較容易寫得好。這篇作品就是一個典型的例子。

這篇作品，文字還算流暢，只有一些小地方需要修改，比方說一開始「在我五歲的生日那天」這一句，如果改成「在我

五歲生日的那一天」，念起來會不會就更順一點？

這篇作品最需要加強的應該還是在內容的補強。以五年級的小朋友，尤其是以一個文字能力還不錯的小朋友來說，以目前的篇幅來看，似乎太短了。

其實小作者提到的角度並不少，有以下幾點：

．愛愛是怎麼來的。

．對愛愛外表的描寫。

．跟愛愛在一起之一（愛愛的蝴蝶結不見了，小作者到處找，表現出對愛愛的愛護。）

．跟愛愛在一起之二（向愛愛訴說心事，向愛愛尋求安慰。）

．跟愛愛在一起之三（相處上的趣事，譬如學媽媽化妝。）

・跟愛愛在一起之四（愛愛對小作者的意義，譬如「如果它沒有在我的身邊，我就感到很寂寞」。）

你瞧，小作者肚子裡的材料其實很豐富，只可惜在寫的時候都是蜻蜓點水，甚至每一個段落（也就是每一個角度、每一個「點」）的長度都很平均，都只有那麼兩三句話！

一篇好的文章要突出重點，否則讀起來難免就會讓人覺得比較平淡。以這篇作品來說，重點顯然是放在「跟愛愛在一起」，關於這個部分很可以再好好的加強一下，再多增加一點內容。

此外，因為「跟愛愛在一起」這一個部分，小作者也寫了四個角度，其實不管從哪一個角度切入，也就是如果把整篇文章的結構重新處理一下，都會得到不同的效果。

比方說：

．每當我傷心失望或開心的時候，愛愛都會在我身邊陪伴著我。每當我有不開心的時候，我都會向愛愛說出我的心事。愛愛是誰？愛愛是我心愛的小狗熊……

．有一次，愛愛頸上的蝴蝶結不見了！我找了老半天都找不到，原來媽媽把愛愛頸上的蝴蝶結拿去洗了。這才讓我放下心來。愛愛是我心愛的小狗熊，是在我五歲生日的那一天，爸爸送我的生日禮物……

總之，在下筆之前不妨把材料先一條一條的排排看，多想一想可以怎麼寫？有多少種寫法？最後再排出一個最理想的大綱，而不一定非要平鋪直敘，或許會更有趣。

10

小畫家之夢

這是一篇六年級小朋友的作文，題目叫作〈我最想做的一件事〉。

想必每一個人都會有最想做的一件事，我也不例外。我最想做的一件事就是將我費盡心思的漫畫作品去投稿。

我從小就很喜歡畫畫，因為很喜歡一些故事書裡面的圖畫，便開始

使用一些筆在故事裡畫幾個可愛的人物。漸漸的，原本只是一時的興趣，卻變成了至今的愛好之一。以前畫的小人變成了現在畫的卡通人物，以前畫的草頭也變成了卡通人物的髮型，以前畫的三角造型的衣服也改變了。很明顯的，我的畫功是日漸進步的。

當開始接觸到蠟筆和水彩時，我發現「塗顏色細胞」似乎與我無緣，用蠟筆時常把兩種顏色混在一起，水彩也塗得不均勻。就在那一刻，我突然想起以前用過的色鉛筆。漸漸的，我也開始對漫畫產生了興趣。我覺得漫畫與我的緣分比在大畫紙上使用蠟筆和水彩來得好多了。我畫漫畫時都用黑色墨水筆作畫，除了用色鉛筆之外，我也會把一些漫畫作品掃瞄到電腦，再用一些上色軟體上色。我有時也會在畫冊上畫一些四格漫畫，也會與一些同志朋友分享喜悅。

有一次我在刊物上看到一個新單元——漫畫新人秀，我看到投搞的作品都很出色，我顯得遜色多了。為了提高畫畫水平，我也多看一些漫畫畫與觀賞一些動漫，也從中學習。看過我的漫畫的人都要我將作品投稿，就連我的死黨也建議我這麼做。其實我上個月就已經畫好了一個作品，只是久久不敢投稿。

寫了這篇作文後，我好像有信心與勇氣了。所以我一定要讓我的作品能在刊物上看到，讓讀者們能融入我的漫畫世界中。

管阿姨說

這篇作品的寫作態度很誠懇，讀完全文，可以讓讀者感覺到小作者所寫的確實都是真心話，並且也都能體會到小作者對於畫漫畫這件事真的是很有興趣。寫作態度這一點非常重要，因為所有的作文技巧本來就是應該來為真情實感所服務的。

內容也相當豐富，但是如果能夠把這些內容（也就是作文的素材）做更好的安排，就會更好。尤其是第三段（「當開始接觸到蠟筆和水彩時……」），在同一段中東寫西寫的塞進了好幾個不同角度的素材，每一樣素材又都只是輕描淡寫的只有一兩句話，讀起來就會覺得有點兒雜亂。

我們先按照慣例，先來分析並且條例一下有哪些主要內容。

·引言。

·畫畫興趣的啟蒙。

·嘗試的過程。

·漫畫新人秀的刺激。

·展望（想要鼓起勇氣投稿）。

小作者所採取的這個架構其實不錯，只是「嘗試的過程」這一個部分寫得有一點亂（就是第三段），「引言」也寫得太死板，像這樣「每個人都如何如何，我也不例外」的句型，感覺上好像是什麼文章都能套用，有一次有一個小朋友寫〈我的

爸爸〉，一開頭竟然也是說「每個人都有一個爸爸，我也不例外」，真是令人昏倒！好像什麼文章都可以套用的句型，最容易產生死板的感覺。

建議小作者除了整體的文字還可以再潤飾一下之外，不妨也重新調整一下結構，把想要參加漫畫新人秀作為一個切入點，比方說：

上個月我畫好了一個作品，想要參加一次偶然在刊物上看到的一個新單元——漫畫新人秀，可是作品畫好以後，我就是久久都不敢投稿。

我從小就很喜歡畫畫……

我喜歡用色鉛筆來作畫。這是經過一段時間嘗試的。開始接觸到蠟筆和水彩時……

漸漸的，我也開始對漫畫產生了興趣……（這個部分的內容要加強。）

畫漫畫的樂趣。（比方說會與朋友分享。）

有一次我在刊物上看到一個新單元……

寫了這篇作文後，我好像有信心與勇氣了……

這樣頭尾呼應一下，也能更切合題目〈我最想做的一件事〉。

11

美麗的小花園

這是一篇四年級小朋友的作文，題目叫作〈如何把空地變成小花園〉。

有一天，我和幾位好朋友在校園散步的時候，發現學校的後面有一片空地。這片空地長滿了野草又很亂，我覺得很可惜。我便和朋友討論後，決定要把空地變成美麗的小花園。

我們得到老師的允許後，便開始工作。為了要把空地變成小花園，我們先要除草。在除草之前，我們先要準備的工具如：鋤頭、鐮刀和手套等等。我們分工合作除草，小麗則用鐮刀除草，剩下的同學就戴上手套拔野草。

我們把野草除掉後，便向老師討花的種子和幼苗。我們大約用了三天的時間尋找花的種子和幼苗。收集種子和幼苗後，我們便在空地上

挖洞。我們就把種子和幼苗種下去。

我們種了花後，應該要給花施肥，這樣花才會長得很茂盛。我們就到花店去買肥料。每個星期五放學的時候，我們都定時給花兒施肥。我們也要給花澆水，這樣花才長得健康。

過了二個月後，原本是一片野草的空地煥然一新，變成了一個美麗的小花園。每當，我走過花園時都會看見五顏六色的花，和嗅到花的香味，我非常開心，因為我和朋友能成功把學校的空地變成小花園。

管阿姨說

首先，因為是四年級的小朋友，有些地方似乎還有些詞不達意，譬如在第三段，為什麼「我們把野草除掉後，便向老師討花的種子和幼苗」之後，下一句接著的會是「我們大約用了三天的時間尋找花的種子和幼苗」？是說老師那裡並沒有花的種子和幼苗嗎？寫作文一定要注意把話說清楚，不能粗枝大葉，很多作者心裡很清楚的事情，讀者不一定明白，讀起來就會覺得有一點糊塗。最後一段「每當，我走過花園時……」這一句，「每當」後面的那個逗點也應該去掉。

不過，大體而言，以一個四年級的小朋友來看，文筆還算是相當流暢，特別是作品的主題不落俗套，又很有意義。只是題目稍嫌生硬。

這篇僅僅四百多字的作品，內容其實相當豐富，如果能夠把文章的結構也就是敘述的脈絡理理清楚，把有些值得補充的地方加以補充，一定會更精采。

主要內容無非就是以下三點：

·有了要把空地變成小花園的想法。

·行動的過程。

·把空地改造成功。

小作者所採取的是按照整個事情的時間先後順序來慢慢敘述，如果我們改變一下敘述的方式，譬如：

我們學校有一個可愛的小花園，每當我走過花園時都會看見五顏六色的花，還能嗅到花的香味。我非常開心，因為在兩個月前這裡還是一片野草，是我和朋友成功的使這塊空地煥然一新，變成了一個美麗的小花園。（從「此刻」回頭去敘述。）

在兩個月前的某一天，我和幾位好朋友在校園散步的時候，發現學校的後面有一片空地。這片空地長滿了野草又很亂，我覺得很可惜。我便和朋友討論後，決定要把空地變成美麗的小花園。

（接下來就是行動的過程。這個部分應該是文章描述的重點，應該寫得更清楚更翔實些。）

我們先去找老師，在得到老師的允許後，便開始工作……（開始行動的這一個部分，不妨把「除草」、「尋找挑選種子」、「播種」、「照顧（包括澆水、施肥、照看等等）」，一段一段的敘述，每一段講一個重點，就是說「除草」講一段，「尋找挑選種子」講一段……這樣讀起來會感覺比較有層次，也比較有節奏感。

經過兩個多月的共同努力……（結尾）

這麼一來，就是一種倒敘式的寫法。

也可以從行動的過程開始寫，比方說在碰到什麼困難的時候，也許是因為除草很辛苦，也許是忘了要定時澆水……回頭

交代一下當初是如何想要把學校的一塊空地變成小花園，再回到面對困難時繼續往下寫，寫大家後來是如何堅持下來，最終終於看到了美麗的小花園。

結束語

想要把作文寫好，除了要熱愛生活，善於從生活裡去挖掘和累積素材之外，還一定要靜得下心，要耐煩，想好了再寫。

很多小朋友也許會說：「有啊，我有想啊，我都是先想好了再寫啊，只是寫著寫著就忘記了！」沒錯，很多小朋友都會碰到這樣的情況，所以往往寫到一半就不知道該怎麼辦了。

所以藉著這本書，我一方面是想要告訴小朋友，光是坐在那裡想是靠不住的，在下筆之前的準備階段一定要多運用紙筆，把當時所能想到的東西統統都先寫下來，哪怕只是一兩個字，或是一兩句話。

今天的小朋友雖然都是成長於電腦時代的小朋友，但是紙筆還是最

好用的，如果小朋友能夠養成習慣，在下筆之前多多運用紙筆來整理思緒，擬一個大綱，對於提升作文表現一定是大有幫助。

而在根據自己寫下來的那些隻字片語做進一步的整理時，著重哪一個「點」，就可能發展成不同的文章「主線」，然後形成不同的「面」。

寫作文，能夠找到一個好的題材已經相當不易，而如果有了不錯的題材，也還要好好琢磨出一個最好的大綱，把這個題材做最好的呈現，否則就只是浪費題材而已。

親愛的小朋友，記得以後在作文的時候一定要養成好習慣，把定大綱就當成是在玩語文魔術方塊一樣，把能夠掌握的題材先排列看看，再多轉一轉、多調整調整，尋找到一個最佳的敘述的順序之後再正式下筆。

總之，一定要想好了再寫啊，加油！

國家圖書館出版品預行編目資料

管家琪教作文：語文魔術方塊／管家琪文；賴馬圖
--初版 . --台北市：幼獅，2013.04
面； 公分. --（工具書館；1）

ISBN 978-957-574-901 -9（平裝）

1.漢語教學 2.作文 3.小學教學

523.313 102004812

・工具書館001・

管家琪教作文：語文魔術方塊

作　　者＝管家琪
繪　　圖＝賴　馬
出 版 者＝幼獅文化事業股份有限公司
發 行 人＝李鍾桂
總 經 理＝王華金
總 編 輯＝劉淑華
主　　編＝林泊瑜
編　　輯＝周雅娣
美術編輯＝李祥銘
總 公 司＝(10045)台北市重慶南路1段66-1號3樓
電　　話＝(02)2311-2832
傳　　真＝(02)2311-5368
郵政劃撥＝00033368

門市
・松江展示中心：(10422)台北市松江路219號
電話：(02)2502-5858轉734 傳真：(02)2503-6601
・苗栗育達店：36143苗栗縣造橋鄉談文村學府路168號（育達商業科技大學內）
電話：(037)652-191 傳真：(037)652-251

印　　刷＝祥新印刷股份有限公司
定　　價＝250元
港　　幣＝83元
初　　版＝2013.04
書　　號＝988144

幼獅樂讀網
http://www.youth.com.tw
e-mail:customer@youth.com.tw

行政院新聞局核准登記證局版台業字第0143號

幼獅文化公司／讀者服務卡／

感謝您購買幼獅公司出版的好書！
為提升服務品質與出版更優質的圖書，敬請撥冗填寫後（免貼郵票）擲寄本公司，或傳真（傳真電話02-23115368），我們將參考您的意見、分享您的觀點，出版更多的好書。並不定期提供您相關書訊、活動、特惠專案等。謝謝！

基本資料

姓名：……………………先生／小姐

婚姻狀況：□已婚 □未婚　職業：□學生 □公教 □上班族 □家管 □其他

出生：民國……………年……………月……………日

電話：（公）……………（宅）……………（手機）……………

e-mail：……………………

聯絡地址：……………………

1.您所購買的書名：**管家琪教作文：語文魔術方塊**

2.您通常以何種方式購書?：□1.書店買書 □2.網路購書 □3.傳真訂購 □4.郵局劃撥
（可複選）□5.幼獅門市 □6.團體訂購 □7.其他

3.您是否曾買過幼獅其他出版品：□是，□1.圖書 □2.幼獅文藝 □3.幼獅少年
□否

4.您從何處得知本書訊息：□1.師長介紹 □2.朋友介紹 □3.幼獅少年雜誌
（可複選）□4.幼獅文藝雜誌 □5.報章雜誌書評介紹……………報
□6.DM傳單、海報 □7.書店 □8.廣播(　　　　)
□9.電子報、edm □10.其他……………

5.您喜歡本書的原因：□1.作者 □2.書名 □3.內容 □4.封面設計 □5.其他

6.您不喜歡本書的原因：□1.作者 □2.書名 □3.內容 □4.封面設計 □5.其他

7.您希望得知的出版訊息：□1.青少年讀物 □2.兒童讀物 □3.親子叢書
□4.教師充電系列 □5.其他

8.您覺得本書的價格：□1.偏高 □2.合理 □3.偏低

9.讀完本書後您覺得：□1.很有收穫 □2.有收穫 □3.收穫不多 □4.沒收穫

10.敬請推薦親友，共同加入我們的閱讀計畫，我們將適時寄送相關書訊，以豐富書香與心靈的空間：

(1)姓名……………e-mail……………電話……………

(2)姓名……………e-mail……………電話……………

(3)姓名……………e-mail……………電話……………

11.您對本書或本公司的建議：

廣　告　回　信
台北郵局登記證
台北廣字第942號

請直接投郵　免貼郵票

10045　台北市重慶南路一段66-1號3樓

幼獅文化事業股份有限公司

請沿虛線對折寄回

客服專線：02-23112832分機208　傳真：02-23115368

e-mail：customer@youth.com.tw

幼獅樂讀網http：//www.youth.com.tw